A MONJA E O PROFESSOR

MONJA COEN E CLÓVIS DE BARROS FILHO

A MONJA E O PROFESSOR

reflexões sobre ética, preceitos e valores

6ª edição

Rio de Janeiro | 2019

CIP-BRASIL. CATALOGAÇÃO NA PUBLICAÇÃO
SINDICATO NACIONAL DOS EDITORES DE LIVROS, RJ

C622m
6ª ed.

Coen, Monja
A monja e o professor: reflexões sobre ética, preceitos e valores /
Monja Coen, Clóvis de Barros Filho. – 6ª ed. – Rio de Janeiro:
BestSeller, 2019.

ISBN 978-85-465-0129-8

1. Filosofia budista. 2. Vida espiritual – Zen-budista. 3. Teoria
do autoconhecimento. 4. Felicidade. 5. Conduta. I. Barros Filho,
Clóvis de. II. Título.

18-51289

CDD: 294.3
CDU: 24

Vanessa Mafra Xavier Salgado – Bibliotecária – CRB-7/6644

Texto revisado segundo o novo Acordo Ortográfico da Língua Portuguesa.

A monja e o professor: Reflexões sobre ética, preceitos e valores
Copyright © 2018 by Monja Coen e Clóvis de Barros Filho

Todos os direitos reservados. Proibida a reprodução,
no todo ou em parte, sem autorização prévia por escrito da editora,
sejam quais forem os meios empregados.

Direitos exclusivos de publicação em língua portuguesa para o mundo
adquiridos pela
EDITORA BEST SELLER LTDA.
Rua Argentina, 171, parte, São Cristóvão
Rio de Janeiro, RJ – 20921-380
que se reserva a propriedade literária desta publicação

Impresso no Brasil

ISBN 978-85-465-0129-8

Seja um leitor preferencial Record.
Cadastre-se no site www.record.com.br e receba informações
sobre nossos lançamentos e nossas promoções.

Atendimento e venda direta ao leitor
sac@record.com.br ou (21) 2585-2002

A todos os seres.

SUMÁRIO

Apresentação: monja Coen ... 9
Apresentação: professor Clóvis de Barros Filho ... 15
Capítulo 1: Felicidade – Ética – Preceitos ... 17
Capítulo 2: Identidade – Fidelidade – Princípios ... 51
Capítulo 3: Moral – Meditação – Transformação ... 81
Encerramento ... 117

Monja Coen por monja Coen ... 119
Professor Clóvis de Barros Filho: Apresentação de
mim mesmo ... 125

Apresentação
Monja Coen

Quando Raïssa Castro, do Grupo Editorial Record, me procurou e perguntou se eu me interessaria em dialogar com o professor Clóvis, fiquei muito contente. "Com certeza", respondi. E passei a aguardar com alegria a chegada desse momento.

Conheci pessoalmente o professor Clóvis de Barros Filho quando palestramos no mesmo evento em 2017. Para meu contentamento, ele falaria antes de mim. As oportunidades que tenho de ouvir outros pensadores acabam se resumindo a esses encontros ou às redes sociais, à televisão e ao YouTube.

Ao entrar no pavilhão, no dia do evento, encontrei-o cercado de pessoas, no corredor que levava à sala de conferência.

Eu o conhecia das redes sociais, sempre sentado, conversando com Leandro Karnal, Mario Sergio Cortella. Quando pessoas inteligentes falam, não dou importância à sua aparência física nem fico calculando seu peso ou sua altura. Por isso fiquei surpresa ao vê-lo em pessoa. O professor Clóvis é alto, talvez tenha mais de 1,85 metro. Forte e com suaves olhos azuis. Olhos que lembram os do meu pai e que logo me fizeram considerar o professor um homem bonito.

Fiquei na primeira fileira, bem em frente ao local onde ele iria falar. Aguardei, contente por estar próxima e por ter o privilégio de assistir a uma de suas palestras. A caixa de som ficava bem perto da minha poltrona, o que foi bom e ruim ao mesmo tempo. O som foi num crescente, crescente, crescente.

O professor Clóvis costuma se entusiasmar bastante enquanto fala. Sua voz soava cada vez mais alta e forte. O som reverberava por todo o meu corpo. Ele é professor, então dá aulas sem microfone, pensei. Nada mais se ouvia naquela sala, a não ser seus exemplos didáticos e inteligentes.

Falava muito em potência. Dizia que sua potência aumentava de acordo com o retorno que recebia de sua plateia.

A resposta naquele dia era cada vez mais positiva, e a potência do professor, cada vez mais elevada.

No final, todos nos levantamos e o aplaudimos incessantemente. Então, me chamaram ao palco. Por sorte ele já tinha ido embora. Seria ainda mais embaraçoso se ele houvesse ficado. Já era difícil o suficiente falar depois da sua potência de voz, potência de conteúdo.

O segundo encontro foi em seu apartamento, para o diálogo que deu origem a este livro. Como eu havia me enganado de edifício, acabei chegando alguns minutos atrasada. Não gosto de me atrasar, nem de me adiantar. Pontualidade é chegar na hora. Mas, já me sentindo em falta com um professor de ética, entrei na casa dele.

Gentil e sorridente, ele nos recebeu. Eu estava com Raïssa, da editora, e um editor de sua equipe, Thiago Mlaker, que iria gravar nossa conversa. Na sala havia dois grandes sofás macios — onde seria o lugar favorito do professor? Eu não queria tomá-lo. Quando estamos em casa, costumamos nos sentar sempre no mesmo lugar. Como visitante, eu poderia me acomodar no espaço dele sem querer, e isso talvez criasse alguma dificuldade em nosso encontro. Morei durante 12 anos no Japão. Aprendi a procurar sempre o lugar de menos poder em uma sala.

Bem, assim que nos sentamos — provavelmente nos lugares adequados —, o professor começou a falar. Como ele mesmo comentou, e está no livro, foi dele o pontapé inicial. Pontapé de jogo de futebol. Íamos jogar e não lutar.

Aprender a dialogar tem sido uma tarefa agradável para mim. Nem sempre fácil, e por isso mesmo estimulante. Algumas vezes quero impor meus pensamentos, os ensinamentos de Buda ou um ponto de vista resultante de minha experiência de vida.

Este diálogo fluiu bem, e fiquei muito feliz quando o professor Clóvis se propôs a dar o tom de nosso encontro: ética, felicidade, respeito, valores, princípios, excelência.

Antes de começar a conversa, uma senhora que trabalha há mais de trinta anos na casa do professor estava de saída. Fomos apresentadas, e eu lhe perguntei: "Ele é um homem bom?" Ao que ela respondeu, sorrindo: "Excelente!"

O professor Clóvis preparou café para nós, serviu água e nos deixou à vontade em sua casa. Uma sensação de liberdade respeitosa.

O diálogo que mantivemos por quatro horas foi muito importante e revelador. E o resultado é o livro que você tem em mãos.

Este livro é resultado de um encontro extremamente saudável e agradável entre um ser inteligentíssimo e erudito e esta monja zen-budista. Cada um com sua vivência, cada um com sua bagagem, cada um recorrendo aos próprios referenciais de literatura e de aprendizado. Nenhum dos dois mostra certezas, mas ambos apresentam caminhos.

Espero que você, leitor, leitora, possa apreciar e sentir um pouco do clima suave e inspirador de nossas reflexões. Que seja capaz de ler, compreender — mesmo que precise ler mais de uma vez — e colocar essas reflexões em prática.

Cada ser que desperta, cada ser que se torna um átomo de paz, felicidade, ética, cada ser que procura viver valores e princípios corretos beneficia toda a vida na Terra.

Nós somos a vida da Terra. Estamos interligados a tudo e a todos. Nossa felicidade e nosso bem-estar precisam da felicidade e do bem-estar de todos os que nos cercam.

O que é ser feliz ou estar feliz?

A raiz da palavra "feliz" é a mesma de "fértil", "frutífero". Mas o que é ser feliz ou estar feliz?

O que você faz, fala, experimenta, vive, decide, escolhe, pratica, estuda, ensina, educa, alimenta, veste, medica, cura, traduz, escreve, lê, assiste, pensa, medita, ora... todas as ações e atitudes do seu dia a dia seguem princípios éticos? Você procura se aperfeiçoar, dar o seu melhor mesmo nas coisas mais simples da vida?

Espero que este livro estimule suas sinapses neurais para que você desenvolva o estado de contentamento com a existência. Naturalmente, então, ele fará o bem a todos os seres.

Mãos em prece.

APRESENTAÇÃO
PROFESSOR CLÓVIS DE
BARROS FILHO

A fama precedeu o encontro. De fato, é o que costuma acontecer. A maior autoridade budista do país, uma mulher que pensa a vida e vive de acordo com esse pensamento. Que permanece fiel a seus entendimentos. Que foi estudar longe. Que, no outro lado do mundo, reconheceu seus mestres. Que não se contentou com formações ortodoxas. Que não se satisfez com a promissora carreira de jornalista.

Nós nos conhecemos em Uberlândia durante um evento sobre novas tecnologias. Entupido de jovens, nem ela, nem eu entendíamos de inovações. Talvez por isso mesmo fôssemos tão esperados. Era enfadonho ensinar o pai-nosso ao vigário. Amabilíssima, ela disse que me conhecia do mundo digital. E que tinha ido à palestra movida pela curiosidade.

Sua presença dava peso à minha intervenção. Educado no mundo ocidental em instituições carregadas de cartesianismo, inspirado por platônicos mundos ideais e esculpido na moral kantiana, a presença de uma autoridade budista de destaque só poderia me fazer tremer nas bases.

Certo de ser tomado como o porta-voz do crepúsculo, já imaginava a irrespondível provocação a respeito da origem de tantas muletas metafísicas. Tentei dar tintas vitalistas ao discurso. Falei de potência de agir, de vontade de potência, de dissolução da subjetividade. Antecipei a avaliação de tão oportunista estratégia por parte da qualificada interlocutora.

Não nos encontramos na saída. Até que Raïssa Castro, da editora BestSeller, costura uma colaboração. "Será que a monja aceitaria?" Foi minha primeira reação. Aliviado ao saber que havia topado o diálogo, pensei que ela não devia ter me achado tão ruim assim, no fim das contas.

Ofereci minha casa como o local do encontro. E, numa tarde inesquecível, conversamos. Trocamos ideias. Fizemos associações livres e dirigidas. E, graças a um competente trabalho editorial, o resultado de tudo isso está neste livro que nos atrevemos a submeter à sua apreciação, querida leitora, querido leitor.

Capítulo 1

FELICIDADE – ÉTICA – PRECEITOS

PROFESSOR CLÓVIS: Bom, gostaria de começar deixando registrado que é um privilégio participar deste diálogo com a monja Coen, colega de trabalho e pessoa cujo reconhecimento dá conta da profundidade e da pertinência de tudo o que pensa. É uma grande satisfação para mim.

Agradeço também o convite da editora, sem cuja iniciativa nada disso seria possível. Com certeza a monja e eu faremos de tudo para atender às expectativas deste trabalho.

Há dois temas que costumam chegar até mim como demanda por conferências, palestras, aulas. São os temas da ética e da felicidade. E, claro, imagino que os dois assuntos estejam muito na moda. É muito curioso: quase sempre me pedem que escolha um dos dois temas, mas nunca me solicitam uma relação entre ambos. Isso me faz refletir sobre por que esses temas são entendidos separadamente.

Vale lembrar que a palavra *ética* é indiscutivelmente vinculada ao pensamento antigo, ao pensamento grego, e tem na produção de Aristóteles talvez sua iniciativa mais sistematizada.

Se pudéssemos perguntar ao filósofo o que ele de fato quis dizer com a palavra *ética,* provavelmente responderia que buscava uma espécie de avaliação da vida, uma espécie de valorização, uma reflexão sobre se viver valeu a pena ou não.

Imagine que estamos em um velório, por exemplo, e ocorre uma discussão sobre se a vida do falecido foi bem-sucedida, bem-vivida, ou se foi uma vida fracassada. Pois muito bem. Tenho a impressão de que, para Aristóteles, ética seria uma espécie de métrica de avaliação do valor da vida. Ora, curiosamente, quando a palavra "ética" surge, revela-se muito vinculada à ideia de felicidade, o que Aristóteles chamava de *eudaimonia.* É muito interessante, porque, no fim das contas, seria impensável uma desvinculação, ou seja, a possibilidade de uma vida feliz sem ética ou de uma vida ética sem felicidade. Seria impensável, porque uma é uma espécie de avaliação da outra, a métrica, a medição da outra.

Bem, claro, sendo assim, caberia a pergunta: *Então como a ética e a felicidade se vinculariam?* Tenho a impressão de que o terceiro pilar desse pensamento é a própria natureza. Aristóteles entendia que a felicidade era diretamente ligada ao respeito pela própria natureza e, de certa maneira, a uma vida que tivesse na natureza de si mesma uma referência inabalável. Isso lhe permitiu formular o conceito de excelência. O que seria excelência? Seria, justamente, ao longo da vida, tirar de si mesmo, em forma de *performance*, de conduta, de comportamento, de disposição, o que a natureza permitiria de melhor.

Então, de certa forma, a felicidade, como a busca da excelência, implicava algum conhecimento de si mesmo, porque, embora tenhamos características em comum — por exemplo, nossa capacidade de pensar, de criar símbolos etc. —, temos muitas particularidades, especificidades, que são da natureza de cada um. E esse conhecimento de si mesmo é que permitiria uma espécie de exploração saudável dos próprios recursos.

Essa é uma referência fantástica para quem gosta de falar sobre escolhas, porque a vida pode ser vivida em respeito à própria natureza ou com o freio de mão puxado, na contramão de si mesmo.

Assim, temos exemplos de pessoas que usaram a vida para explorar o que têm de melhor. É o caso do maestro João Carlos Martins, que venceu um milhão de desafios pessoais para viver da música, porque a música é seu talento, é um dom natural dele. O maestro correu atrás para mostrar, ao longo da vida, o que ele mesmo possui de melhor: sua natureza musical. Naturalmente, o conhecimento de si mesmo não basta, mas é o primeiro passo para que, com empenho, determinação, sacrifício e dedicação, possamos nos superar, nos aperfeiçoar. Isso seria a tal da felicidade!

19

Gosto muito dessa ideia, e imagino que a monja deve ter algo a dizer a respeito. Quando você vive a vida sem nenhuma expectativa de aperfeiçoamento, se você acorda de manhã para fazer o que sempre fez mais ou menos do mesmo jeito, a vida é meio sem graça mesmo. É entediante. Você apenas a empurra com a barriga. E por quê? Porque sem o desafio da superação em si — e a palavra "desafio" nunca sai de moda, por indicar algo positivo ao homem —, que você mesmo estabeleceu, e tendo a felicidade como prêmio máximo a ser alcançado, não se consegue compreender que cada instante é valioso por ser uma oportunidade de ir além. É quando você vai além no aperfeiçoamento de si mesmo que tem certeza do valor daquele momento. Por outro lado, se você vive sem essa expectativa, aí meio que tanto faz. Nesse caso, a vida costuma ser mesmo entediante. É o que acontece com aqueles que ficam olhando para o relógio esperando que o tempo passe logo.

É curioso, porque, como a vida acontece naquele instante, na hora em que você quer que o tempo passe logo, existe aí uma dimensão de querer que aquela vida acabe, o que alguns poderiam chamar de "dimensão suicidária". Quer dizer, se a única vida que temos para viver é esta aqui, entre nós, neste diálogo, neste momento, fazendo este livro, e se eu quero que este momento acabe, então estou de certa maneira me indispondo com a vida que estou vivendo, estou negando a vida que estou vivendo, o que implica uma postura muito próxima de quem toma a decisão de abreviar a própria existência.

Essas mesmas pessoas, quando chegarem ao final de sua existência, talvez reclamem que a vida passou rápido, mas não terão a coragem de dizer que esperaram o tempo inteiro por isso, torcendo para que acabasse logo. Um exemplo que costumo dar é a expressão "happy hour". Ela é irrefutável e causa muito constrangimento. O que significa de fato essa expressão? Em primeiro lugar, nunca entendi por que usar termos em outro idioma quando podemos perfeitamente falar no nosso. Fiquemos então com a expressão "hora feliz". E quando acontece a hora feliz? Seja na editora, no banco, no comércio, no consultório, enfim, onde houver trabalho, a hora feliz é a hora em que o expediente acaba. É interessante como os próprios profissionais de recursos humanos patrocinam reuniões de "hora feliz" quando o trabalho acaba, admitindo, portanto, que não há felicidade durante o expediente. Mas aí é que mora a provocação: uma pessoa feliz no trabalho vive melhor do que a outra que precisa que o expediente acabe para, enfim, ter um momento de felicidade.

Nesse sentido, temos um ponto interessante aqui. O trabalho, como um momento privilegiado de homenagem à própria natureza, é uma situação de vida privilegiada de busca da felicidade através da excelência.

Para os antigos, a excelência era o pleno desabrochar da natureza de quem vive. É chegar o mais longe que a natureza permitir. É o máximo de perfeição que a natureza permite alcançar em cada um.

Agora, você poderia perguntar: "Mas e a ética? Entendi a relação da natureza com a felicidade, mas onde entra a ética?"

Para os gregos, a ética e a felicidade eram dois lados da mesma moeda. Ou seja, eram inseparáveis, porque a harmonia de cada um com o todo cósmico implicava a maior das responsabilidades éticas e, ao mesmo tempo, a condição de uma vida feliz. Já para o pensamento moderno, a ética é entendida como respeito a certos princípios de conduta considerados universalizáveis e que podem ou não ter a ver com a felicidade de quem os respeita. Assim, é perfeitamente possível, para o pensamento moderno, que o respeito a um princípio de conduta não seja uma atitude feliz.

Para os gregos, tudo no universo tem uma função. O não cumprimento dessa função compromete o funcionamento do todo, como numa grande máquina. Assim, imagine, caro leitor, cara leitora, que seu estômago faz a digestão, encaminhando o resultado dela para o intestino, uma espécie de bomba que expulsa o alimento digerido. O estômago sem o intestino ou o intestino sem o estômago não teriam função alguma. Ambos existem para trabalhar juntos. Quando um dos dois não cumpre direito o seu papel, compromete o desempenho do outro. Podemos dizer que compromete a existência do outro. Assim, podemos entender que a responsabilidade com o universo é maior do que aquela consigo, porque todos temos funções complementares, e eu preciso cumprir a minha para que você possa cumprir a sua. Portanto, sou de certa forma responsável por você conseguir cumprir o seu papel, o que lhe é devido. Desse modo você conseguirá viver bem. Concluímos, então, que a vida boa de cada um de nós está vinculada à vida dos demais. Assim, a responsabilidade é de todos por todos.

Aliás, esse entendimento das coisas a partir de seus propósitos é aplaudido até hoje nas ciências biológicas. De certa maneira, Aristóteles e os antigos acreditavam que tudo o que está no universo está nele para cumprir certa função, o que o filósofo chamava de causa final, finalidade. Podíamos imaginar que alguém com extraordinário talento, grande espiritualidade, como a monja, teria nascido com essas características porque aquele universo tinha vaga para isso nesta grande máquina. No meu caso, sou apenas um explicador, então havia vaga nas escolas para explicar. Bom, já que há vaga para explicar, vamos "fabricar" alguém com natureza de explicador. Era mais ou menos como se imaginavam as coisas.

Em outras palavras, não haveria nada à toa no universo, ou, se você preferir, sem a devida finalidade. Ora, então, onde está a ética? É que se entendia que o comportamento justo — o que é justiça? — é o ajuste. A justiça é o ajuste na ordem cósmica. Qual seria a maior heresia ou a maior blasfêmia? Viver em desarmonia com a ordem cósmica. Teríamos assim uma espécie de responsabilidade pelo funcionamento adequado da ordem cósmica, honrando os talentos e as aptidões que recebemos.

Essa ideia de responsabilidade é muito importante, mas por quê? Admitindo que tudo isso seja pertinente e que eu tenha nascido mesmo com algum talento para explicar porque tinha uma vaga no universo para mim, se eu resolvesse trabalhar na Bolsa de Valores, ter uma papelaria ou mesmo abrir uma pousada à beira-mar, estaria jogando no lixo talentos que são da minha natureza. Eu os estaria desperdiçando.

E sabe o que é mais incrível? Não estaria preenchendo a vaga que justificou minha existência no universo. Perceba que existe aí uma responsabilidade que não é só em relação ao outro, como estamos mais acostumados, mas também em relação ao universo, ao todo, ao cosmos. Veja só que interessante: a gestão de vida que me leva à excelência e à felicidade também me leva a uma vida na justiça, na harmonia e no equilíbrio com o cosmos. Portanto, a felicidade e a ética coincidiriam naturalmente.

A relação estabelecida pelo pensamento antigo entre ética e felicidade talvez tenha sido explicitada mais claramente pelos estoicos. Esses pensadores acreditavam na possibilidade de uma reflexão sobre a vida boa acompanhada de alguns exercícios práticos ou hábitos que pudessem corrigir desvios comuns nocivos à vida.

Talvez o primeiro tipo de exercício consista em viver o presente, o que mais tarde alguns chamariam de *carpe diem*, e outros de *amor fati*. Ora, essa vida no presente consistiria num esforço de alinhamento temporal entre a vida das sensações e a vida da mente, o que nos forçaria o tempo inteiro a considerar, por meio de experiências intensas, o mundo tal como ele se apresenta diante de nós a cada momento.

O que poderia atrapalhar isso?

Em primeiro lugar, o arrependimento, o lamento, o que exige uma construção mental no presente que resgata um passado que nos fez mal então ou que nos faz mal agora.

Todo lamento, portanto, pressupõe um contraste entre a imaginação do já vivido no presente e uma segunda construção, que tem por objeto o que deveria ter acontecido. Assim, o arrependimento trabalha com duas instâncias de desfocamento do mundo imediatamente vivido. A primeira é uma instância dita de memória, e a segunda, de avaliação sobre o valor do passado. Portanto, mais concretamente você se lembra do que aconteceu e ao mesmo tempo avalia negativamente em função de uma referência sobre o que deveria ter acontecido.

Agora, tudo isso é profundamente fragilizador do mundo da vida, do mundo das experiências. Esteja você onde estiver, se houver lamento, tudo o que atravessa sua mente naquele momento empobrece a vida vivida no instante.

Muitas vezes, problemas cotidianos motivam arrependimentos. Você perde o avião e logo lamenta ter saído tão tarde de casa, lamenta não ter previsto o trânsito do trajeto. É inevitável, porque o atraso entristece você. A sabedoria estoica recomenda que você reflita e saiba que em muito pouco tempo a importância disso terá desaparecido, que você não pensará mais nesse assunto, que a vida será outra e que aquilo que, naquele momento, parecia de muita importância logo se tornará irrelevante.

O segundo ponto ou exercício é o de evitar a esperança. A obra *A felicidade, desesperadamente*, de André Comte-Sponville, cujo título mais preciso e literal poderia ser "A felicidade, desesperançadamente", cuida disso. Aqui a dificuldade aumenta, porque, se concordamos que o lamento e o arrependimento são tristes e redutores de potência, a esperança goza de mais prestígio junto ao senso comum. Milhões de reais são movimentados e arrecadados em projetos como o

Criança Esperança. Aquele que exorta o seu público a não perder a esperança sempre receberá aplausos por isso. No entanto, a sabedoria estoica combate a esperança tanto quanto o arrependimento.

A esperança é uma forma particular de desejo, e um desejo sem gozo, um desejo sem encontro com o objeto desejado, um desejo na falta do objeto desejado, como todo bom desejo. Assim, quando você diz "Eu espero que chova" é porque, em primeiro lugar, gostaria que chovesse e, em segundo lugar, porque não está chovendo. Se o gozo depende da chuva, a esperança da chuva é falta de gozo com ela. Se você diz "Eu espero ir bem na prova", é porque quer ir bem na prova, mas a prova ainda não se realizou, é um evento futuro. A esperança continua sem gozo.

Toda experiência prazerosa, portanto, é uma experiência desesperançada. Dessa forma, o beijo, o abraço, a contemplação da paisagem, a leitura de um livro, o filme no cinema, tudo que materializa uma experiência de júbilo é, por isso mesmo, desprovido de esperança. Se vivêssemos cem por cento da vida em esperança ou se aceitássemos o conselho de muitos e nunca a perdéssemos, curiosamente teríamos passado a vida inteira sem gozo, sem júbilo e sem prazer. Da mesma maneira, aquele que quer saúde é porque está doente, não goza de plena saúde.

Ora, podemos dizer então que, não havendo coincidência com o gozo, a esperança é uma infelicidade, é uma negatividade. Além de não coincidir com o gozo, a esperança é coincidente com a ignorância, ou melhor, o esperançoso está em ignorância. Aquele que espera deseja sem saber. Aquele que espera pela chuva ignora se, e quando, choverá. Aquele que espera pela saúde, porque se encontra gravemente enfermo, ignora se, e quando, estará curado. Aquele que espera pela riqueza ou pela glória ignora se, e quando, a riqueza e a glória virão. Quanto maior a esperança, maior a ignorância a respeito das probabilidades da ocorrência do evento esperado.

A esperança só é possível ante certa impotência, portanto uma fragilidade. Assim, se eu espero pela glória, é pela impotência de fazê-la acontecer agora. É o que também acontece para a riqueza e para a saúde.

Na luta que travamos por fazer acontecer aquilo que supomos nos seja adequado, conveniente, prazeroso, usamos sempre todos os recursos disponíveis e, assim, podendo fazer acontecer o que queremos, é isso o que fazemos. E, se porventura não o fizermos, é por escolha ou deliberação nossa.

A esperança nunca é uma autolimitação racional ou moral de nossas possibilidades. A esperança é o indicativo de uma impossibilidade momentânea, ou seja, de uma impotência. Por isso, alguém gravemente enfermo, se pudesse, determinaria a si mesmo a cura. Ante a impossibilidade, agarra-se à esperança.

Ora, essa proposta estoica, atualizada e didaticamente apresentada pelo professor Sponville em seus livros é francamente incompatível com a doutrina cristã. Esta nos convida a esperar, nos exorta a esperar. Se João Paulo II escreveu a obra intitulada *Cruzando o limiar da esperança*, os estoicos certamente fariam a recomendação contrária.

Além da vida no presente e, portanto, do rechaço tanto da nostalgia e do arrependimento quanto da esperança, propõem os estoicos, como chave de sabedoria para uma vida boa, o desapego. Desapego em face das coisas. Desapego em face das pessoas. Por que esse desapego é sugestão de sabedoria? Se sua alegria depende da posse de algo ou da presença de alguém, considerando que o mundo não para de se transformar, de se deteriorar ou de desaparecer, é evidente que a condição dessa alegria está comprometida pelo fluxo, pelo trânsito, pela transformação, pelo deixar de ser. Se você só se sente bem em certos lugares, o desaparecimento desses lugares comprometerá o seu bem-viver. Se você precisa de suas coisas, das mais cotidianas e comuns às mais sofisticadas e complexas, para ser feliz, a impossibilidade de tê-las, a perda, o desaparecimento, comprometerá o seu bem-viver, o seu bem-estar. Se sua felicidade está vinculada à presença de pessoas, à transformação, ao envelhecimento dessas pessoas, à sua ausência episódica, ou até mesmo à morte delas, compromete em definitivo a vida boa.

O apego é uma fragilização da vida, um condicionamento que empobrece. Deduz-se então que, dentro do pensamento estoico, o bem-viver deve estar desvinculado, deve independer da presença ou da posse do que quer que seja ou de quem quer que seja.

Curiosamente, pessoas desapegadas costumam ser consideradas pouco zelosas, pouco responsáveis, perdulárias. Esse desapego sugerido pelos estoicos é tido como um vício nos dias de hoje. No que diz respeito ao desapego em relação às pessoas, o distanciamento afetivo pode ser associado ao egoísmo, ao desamor, à incapacidade de ter amigos. Os estoicos sugeriam que considerássemos permanentemente, a todo instante, a possibilidade de que as pessoas mais próximas de nós morressem naquele mesmo dia. Todo o ensinamento visa à preparação para o desaparecimento das pessoas próximas e à desvinculação de nossa felicidade à sua presença.

Poderíamos dizer que, se de um lado, no caso desse desaparecimento, estaríamos de fato mais preparados, de outro, a vida na presença dessas pessoas mais próximas seria menos intensa, menos cúmplice, menos solidária, menos amiga, menos amorosa. Podemos mesmo nos perguntar de que tipo de amor estaríamos falando na hipótese de um desapego levado a sério.

Em outro momento desta fala eu talvez pudesse explicar o que aconteceu no meio do caminho para que nós hoje tenhamos chegado à conclusão de que ética e felicidade não têm muito a ver uma com a outra. Mas aí, é claro, eu queria passar a palavra... era preciso dar um pontapé. Desculpe eu ter falado tanto. Quando eu digo "dar um pontapé", estou usando um jargão futebolístico e não de muay thai. Era preciso dar um pontapé, quer dizer, abrir esta discussão. Abri a discussão e queria muito ouvir o que você tem a falar sobre o assunto.

MONJA COEN: Bom, em primeiro lugar, este encontro para mim é muito agradável. Esperamos por coisas de que gostamos. A que horas? Quando? Foi muito bom aguardar. Fiquei preocupada, porque não tenho a erudição que você tem. Nunca li Aristóteles, nunca li Platão, e tenho ouvido suas palestras às vezes. Suas aulas na internet são fascinantes, dá vontade de assistir a todas, uma atrás da outra, porque oferecem alegria e contentamento.

Surge aqui uma expressão de Buda: "Aqueles que sentem o contentamento com a existência são seres superiores." O que nos dá contentamento? O que provoca essa sensação de felicidade e bem-estar tem a ver com excelência. Precisamos dar o nosso melhor a cada momento e onde quer que estejamos.

Discordo de um ponto que você levantou... Não sei se existe um lugar reservado para mim na Terra e se eu tenho características especiais para preenchê-lo. Há, isso sim, perguntas: Como eu faço do lugar onde estou o melhor lugar do mundo? E como fazer da atividade na qual estou envolvida a mais importante do mundo e da minha vida, já que a minha vida está nessa atividade e nesse local?

Trabalho, ensino e estimulo as pessoas dizendo que onde você está é um local sagrado e precioso. Como é que você aprecia isso? Ou você o deprecia? Alguém pode responder: "Este lugar não presta. Este país, esta cidade não prestam. As pessoas com quem eu trabalho não são boas. Só conheço pessoas más. Só conheço pessoas não éticas."

Costumamos dar um destaque muito grande a tudo aquilo que é prejudicial, que não é benéfico. A mídia, por exemplo, tem uma capacidade impressionante de divulgar a bandidagem. As coisas boas acabam ficando meio escondidinhas, sem destaque.

Estamos falando de ética, felicidade, princípios, valores que regeriam a nossa vida.

Ouvi uma palestra sua de que gostei muito. Você falava sobre chegar a algum lugar e se dirigir às pessoas. Seria um bar na [rua] Aspicuelta, na Vila Madalena, bairro boêmio de São Paulo. Alguém perguntaria: "Quem é você? O que você faz?" Você refletiria: "Quem eu sou e o que é importante para mim? São as minhas escolhas, as minhas decisões, que fazem com que eu seja quem sou."

Há uma história de que gosto muito. É antiga, sobre um monge que levou os ensinamentos da Índia para a China. Chamava-se Bodidarma. Era um homem grande e muito forte, que tinha mais de 60 anos. Quando ele chegou à China, o imperador foi recebê-lo. E o imperador havia cuidado muito das tradições budistas, se interessava pela China, em receber novos ensinamentos, em sair do grilhão do confucionismo, do taoismo, e uma nova religião lhe facilitaria o poder.

Esse monge, considerado um sábio, um santo, chegou ao palácio e foi recebido pelo imperador, que lhe disse: "Tenho sido muito bom. Tenho feito muitos tratados, traduções de livros, aberto mosteiros para treinamento, tenho méritos, não tenho?" E o monge, falando a partir do absoluto, respondeu: "Não existe mérito."

O imperador não gostou. "Então, o que é sagrado para você?" O monge disse: "Nada. Se o sagrado se manifesta em tudo, não está em um lugar específico." O imperador de novo não entendeu e perguntou: "Quem é você? Quem está na minha frente?" E o monge: "Não sei."

E assim terminou o diálogo. O imperador ficou furioso. O monge decidiu ir embora. Atravessou o rio Yangtzé e foi meditar.

Esse personagem é considerado o fundador do zen-budismo na China, uma das inúmeras linhas do budismo. E qual é a característica principal para nós? É esse "não sei", que bate um pouco com o que dizem alguns filósofos ocidentais, não é?

Quem é você? Qual é a essência do seu ser? Você pode dizer seu nome, sua profissão, até suas escolhas, mas existe algo que não é tocado. Esse lugar que não dá para classificar é o lugar sobre o qual se pode afirmar: "Este é meu eu verdadeiro." Esse eu verdadeiro não é fixo nem permanente. Está num processo constante de transformação, que pode ou não ser de aprimoramento.

Ou crescemos e melhoramos ou, como você disse, desperdiçamos a vida. Vamos desperdiçar o momento. Vamos desperdiçar a experiência extraordinária de cada segundo, porque cada segundo é sagrado, é precioso e é importante se soubermos apreciar. Tive um professor que sempre falava isto: "Aprecie sua vida. Aprecie, dê valor a cada instante dela", porque, como você também disse, ela está passando.

Hoje de manhã fui a um velório. Morreu uma tia minha de mais de 90 anos, com quem eu não tinha muito contato. O irmão dela, antes de fechar o caixão, disse: "Ela teve uma vida digna, casou-se, teve filhos, que beleza foi a sua vida." Coincide um pouco com o que você falou antes. Será ótimo se, quando chegar o nosso momento, pudermos dizer: "Vivi com plenitude. Fiz o melhor que pude em todas as circunstâncias. Falhei em algumas, mas que cada falha tenha sido aproveitada para reescrever essa história." Como diz o Cortella: "É necessário corrigir o erro", em vez de apenas dizer: "É errando que se aprende."

Conforme vou me aperfeiçoando nesta reforma de mim mesma, o projeto em si é bom. Mas não é o objetivo final. Não há uma felicidade final que eu possa alcançar quando estiver no auge da minha excelência. Cada passo deve ser cuidadoso. E por cuidadoso não entenda medroso: pelo contrário, é firme, excelente, confiante, algo que me faz bem, que me faz feliz.

A felicidade depende de estímulos neurais. Não há nada que seja inerente em mim, nem que possa me ser dado. É pelos estímulos adequados que acontecem sinapses neurais que proporcionam alegria, contentamento, apreciação da vida. Sem os estímulos adequados, as sinapses não ocorrem. Isso serve para todos os nossos estados emocionais, inclusive para a sensação de felicidade e bem-estar.

Toda a prática budista e seu princípio fundamental podem ser resumidos num tripé, que, em japonês, é *Kai Jo Ê*.

Kai significa preceitos, vida, ética.

Jo significa meditar.

Ê significa sabedoria.

Se vivermos de acordo com os preceitos, geramos um estado de felicidade e sabedoria. Os Preceitos de Ouro são: não fazer o mal, fazer o bem e fazer o bem a todos os seres.

Não fazer o mal significa evitar qualquer pensamento, fala, atitude, que possam causar mal a qualquer forma de vida. Evitar toda forma de prejuízo físico ou psíquico. É preciso atenção para não ferir ninguém e ao mesmo tempo saber manter o limite do que é permitido ou não. Por exemplo, qualquer pensamento, ação ou palavras neonazistas ou preconceituosas devem ser evitados. Qualquer ataque a pessoas ou à natureza, de forma brutal e desleal, deve ser evitado. Claro que há inúmeras outras considerações e situações. O essencial é impedir falas, pensamentos ou atitudes que possam ser nefastos à sabedoria e que não sejam movidos pela compaixão — alicerces que ajudam a ver com clareza a realidade como ela é e a atuar evitando qualquer forma de maldade.

Fazer o bem, o segundo Preceito de Ouro, é manter a mente correta na percepção da realidade e falar, agir e pensar de forma a criar condições benéficas. Deve-se sempre ter em mente que suas ações, suas palavras e seus pensamentos precisam estar de acordo com princípios e valores que beneficiam a vida.

E o terceiro preceito é fazer o bem a todos os seres. Parece redundante: primeiro nos comprometemos a não fazer o mal, depois a fazer o bem e completamos com o bem para todos os seres. Neste último o processo de percepção da realidade necessita de uma expansão de consciência. O "eu" — indivíduo — só existe se inter-relacionado ao grande "Eu" — toda a vida na Terra, todos os seres.

Assim, fazer o bem ganha uma dimensão mais ampla. Não é apenas fazer o bem para si ou para um pequeno grupo de conhecidos, é fazer o bem a todos os seres. Parece uma tarefa utópica e quase impossível, mas este é nosso voto: manter essa atitude e torná-la viável.

Em seguida, há os Dez Preceitos Graves, ou Dez Preceitos de Prática. Cada um deles pode ser interpretado em vários níveis de compreensão.

Por exemplo, o primeiro: não matar. No zen-budismo o importante é não matar buda. Não matar a sabedoria e a compaixão em sua relação com a vida. O ensinamento superior fala de não nascido e não morto. Isso me faz lembrar Lavoisier, "nada se cria, nada se destrói — tudo se transforma". Buda chegou a uma conclusão semelhante há 2.600 anos. De qualquer forma, não devemos ter a ideia de extinção, de destruição. Devemos não destruir a vida — nem a nossa, nem a de qualquer ser vivo.

E assim também podemos interpretar e aplicar todos os outros nove preceitos: não roubar, não abusar da sexualidade, não mentir, não negociar intoxicantes e/ou manipular a mente com pensamentos e atitudes falsos, não comentar sobre erros e faltas alheios, não se elevar nem rebaixar os outros (inclui não se rebaixar, não elevar os outros nem mesmo se igualar), não ser movido pela ganância, não ser controlado pela raiva e não falar mal de Buda, darma e sanga.

Buda, darma e sanga são os três tesouros, as três preciosidades do budismo.

Buda é o ser iluminado, aquele que acorda, desperta para o darma — a Lei Verdadeira — e vive em harmonia com a sanga — a comunidade.

É nosso direito e dever de nascença acordar, despertar, perceber que estamos todos interligados, que somos interdependentes.

Meditar — *Jo* — é o portal por onde adentramos o Caminho do Despertar. Claro que há outros portais: a reflexão filosófica, o questionamento, práticas de várias tradições espirituais. O zen-budismo se caracteriza por ter o zazen — meditação sentada — como sua prática principal. Na tradição Soto Shu, a que pertenço, dizemos que o *shikantaza* — apenas sentar — é o portal principal. Assim, apenas nos sentamos em silêncio e observamos nossa mente em profundidade. Percebemos que há inúmeros pensamentos, emoções, sentimentos. Percebemos também o que nos move e o que podemos construir como estruturas mentais. Percebemos o que podemos e o que não podemos alterar. É com o que não podemos modificar que podemos conviver com harmonia. É ir além do próprio "eu", abandonar a ideia que temos de nós mesmos para entrar em contato com quem — ou com o que — verdadeiramente somos. A isso chamamos de despertar para a Sabedoria Perfeita.

Em japonês, *Ê* significa sabedoria, a compreensão clara da vida como ela é. Sabedoria é autenticar os selos do darma, da Lei Verdadeira: transitoriedade, não eu, causalidade ou interdependência e o estado de Nirvana.

Nirvana é a tranquilidade, o bem-estar de quem despertou. Tranquilidade dos sábios. Não a quietude da mente nem a aparente quietude do corpo, mas o incessante transformar que é experimentado, apreendido, trazido para a consciência, facilitando o relacionamento tranquilo em quaisquer situações. Não significa que a pessoa nunca chora ou ri, que não se inquieta ou não se irrita. A sabedoria nos permite voltar com mais rapidez ao nosso eixo de equilíbrio, uma vez que é, por meio dos preceitos, da meditação e da sabedoria — *Kai, Jo, Ê* — que podemos nos conhecer em profundidade e saber como utilizar melhor nossas habilidades.

Conhecer a nós mesmos em profundidade é conhecer a vida em suas múltiplas formas. É respeitar a vida de tudo que foi, é e virá a ser. É saber que somos a vida da Terra e que somos mantidos vivos por todas as outras formas de vida. É de onde surge o cuidado, a compaixão, a compreensão íntima de que o outro é um aspecto de mim mesmo, um aspecto da vida que pulsa em mim e em todo o planeta. Ações de compaixão e cuidado devem ser imediatas e simples.

Compaixão é ver todos os seres como aspectos de nós mesmos, nossa ação de cuidado é imediata e simples, amorosa e respeitosa, pois a dor do outro é meu próprio desconforto.

Embora não haja dois seres iguais — o outro não é igual a mim —, somos semelhantes e podemos reconhecer nossos sentimentos e emoções até mesmo nas pedras, nas águas, nas plantas, nos insetos, nos pássaros, nos vermes, em outros animais e seres humanos. Por que será que muitas vezes somos mais bondosos e compassivos com nossos animais de estimação do que com nossos filhos?

Desenvolver a capacidade da ternura, do respeito, da compaixão por todos os seres é estimular as sinapses neurais da mente buda. Essa mente buda não é inerente nem pode nos ser dada ou por nós adquirida. Pode ser estimulada por meio das práticas, das leituras, dos encontros — por meio do *Kai Jo Ê*.

Gensha Shibi é outro monge chinês de quem gosto muito, e que viveu no século VIII. Filho de um pescador, ele era um homem muito simples, mal sabia ler e escrever. Um dia saiu com o pai para uma pescaria. Nesse dia o pai caiu do barco e foi engolido pelas águas. Gensha tentou segurá-lo com o arpão, mas não conseguiu, e o pai se afogou. Ele gostava muito do pai (costumo dizer isso porque há pessoas que não gostam de seus pais) e ficou muito triste com a perda. Porém, naquele instante, parado, Gensha sentiu que tudo se aquietou e olhou em volta. Notou a lua refletida nas águas. Lembrou-se, então, de que os monges zen afirmavam que nossa mente deve estar tão tranquila quanto um lago límpido, onde a lua é perfeitamente refletida. Gensha Shibi considerou: "Bom, como posso agradecer ao meu pai e homenageá-lo? Vou me tornar monge." Remou de volta e foi até o mosteiro. Em pouco tempo se tornou abade e muito conhecido por sua sabedoria. Pessoas de toda a China iam conversar com ele e lhe perguntavam: "O que é a essência do seu ensinamento?" Gensha respondia: "Tudo o que existe, no céu e na terra, é uma joia arredondada. Não há dentro nem fora. E nós somos a vida dessa joia."

Nós somos a vida da Terra, foi isso que o monge Gensha Shibi percebeu. Não apenas deste planeta, mas de tudo o que existe no céu e na terra, em todas as direções. Naquela época não se falava em universo ou infinito. Tudo o que existia no céu e na terra era a expressão do que hoje dizemos multiverso — um universo múltiplo.

A explicação do monge Gensha Shibi é a de que estamos interconectados, interligados ao todo e a todas as formas de vida. Somos mantidos vivos por essa rede de relacionamentos. E mantemos a rede viva por meio de nossa existência. É o "cossurgir interdependente e simultâneo" — palavras de Buda. Ele dizia: "Quem conhece a causalidade conhece o darma." O darma é a Lei Verdadeira. Conhecer a causalidade é perceber o cossurgir interdependente e simultâneo de tudo o que existe. Por exemplo, se surgem moscas, surgem lagartixas. Surgem sapos, aparecem cobras. Cada um com seu predador. É um exemplo dessa interconexão.

É por conta de certas causas e condições que algo se manifesta, e, quando essas causas e condições cessam, algo deixa de se manifestar. Essa não manifestação já inicia outra manifestação. Por exemplo, causas e condições permitem que uma vida humana se manifeste. Quando as causas e condições cessam ou se transformam, dizemos que alguém morreu. No entanto, a morte não é o ponto final. É novamente causa ou condição para que infinitas outras manifestações surjam — desde questões jurídicas de heranças a questões práticas de cremações, enterros, e assim por diante. Ora, o surgir e o desaparecer constante e incessante dependem de causas e condições. É o cossurgir interdependente e simultâneo.

Assim, quando Gensha Shibi, em sua grande sabedoria, afirmava que tudo o que existe no céu e na terra é como uma joia arredondada sem dentro nem fora e que nós somos a vida dessa joia, estava afirmando que não viemos de fora nem vamos para fora, que somos a vida da terra e do céu em constante transformação. Esta vida é uma joia, uma preciosidade, para ser vivida com plenitude. Não há para onde fugir, não há onde se esconder. Não há dentro, não há fora. Somos transparentes uns para os outros — desde que sejamos capazes de sair do casulo do eu.

Conhecer a causalidade é perceber exatamente o que Gensha Shibi defende: tudo está interconectado a tudo. Uma onda no mar gera outra — seu movimento incessante está relacionado aos movimentos da Terra, da lua, das placas tectônicas e, quem sabe, do nosso olhar.

Somos o todo manifesto. Ninguém é parte do todo. Cada um de nós é esse todo manifesto. É o céu e a terra. Cada um de nós é a joia preciosa arredondada sem dentro nem fora... Onde está o dentro e o fora? Dentro do quê? Fora do quê? Até mesmo os restos de objetos espaciais continuam voando pelo espaço...

O que fazemos influencia em toda a trama da existência. Cada pensamento, palavra, atitude influenciam na trama da existência. Se percebermos isso e nos tornarmos excelentes no que fizermos, por desenvolver esse pensamento do cuidado com o todo — e não só com o que é bom para mim, mas com o que é bom para nós —, teremos uma mudança social, política, econômica de excelência muito significativa.

Acredito muito que as grandes mudanças estão baseadas em princípios, mas não princípios rígidos, que nos prendem, que nos amarram. Pelo contrário: são princípios que nos libertam, que nos fazem homens e mulheres verdadeiramente livres. Como mencionei, no budismo nos comprometemos a manter três preceitos puros: "Não fazer o mal, fazer o bem e fazer o bem a todos os seres." O primeiro é mais passivo. O segundo pode ser interpretado como fazer o bem para mim, o que eu acho bom para mim ou para minha família, para meu grupinho. No entanto, quando faço o bem a todos os seres, meu olhar, minha expansão de consciência, se manifesta. Não sou um ser separado do todo. Não há como me recortar da realidade. Não tenho uma tesourinha que delimite: aqui estou eu e ali está o resto do mundo. Estou interagindo o tempo todo.

Um dia desses um jovem me mandou a seguinte mensagem: "Monja, a senhora fala muito em interser." *Interser* é uma palavra que o monge vietnamita Thich Nhat Hanh sugere que seja incluída nos dicionários. Em vez de *eu sou, tu és, ele é*, deveríamos dizer *eu intersou, nós intersomos*. Somos inter-relações. E o jovem continuou: "Está surgindo outro conceito, o de trans-ser." Achei isso muito interessante. Ele comentou sobre um texto de Shakespeare no qual um diretor de teatro fez a releitura das personagens, considerando-as marionetes. Isso nunca tinha ocorrido antes. A partir daí houve uma mudança na leitura e interpretação das personagens de Shakespeare — não só por esse diretor, mas por todos a partir dele. Ou seja, Shakespeare foi modificado. Ao mesmo tempo, modifica quem o lê, quem o interpreta. Shakespeare passa a ser um autor diferente na medida que é interpretado de forma diferente. E o jovem escreveu: "Isso é o trans-ser." Uma pessoa entra no universo da outra e o transforma, enquanto é transformada também pelo universo onde entrou. Ambos se transformam, mas não perdem a individualidade.

A interpretação de trans-ser eu faço sobre preceitos, vida ética. Minha interpretação dos preceitos pode modificá-los. Os preceitos me modificam. Em alguns momentos, o preceito modifica o próprio preceito e eu modifico a mim mesma.

Há uma interpenetração. Diferentes escolas budistas interpretam de forma diferente os mesmos preceitos. Pertenço à escola *mahayana*, chamada de Grande Veículo, onde procuramos compreender, interpretar, praticar com uma amplitude de visão tão abrangente que, se fôssemos manter as regras ao pé da letra, poderíamos até mesmo quebrar algum preceito. A vida ética é um compromisso que assumimos, mas não é forçada. É resultado da compreensão clara e da observação profunda da realidade. O que é adequado, em qual circunstância. Não é um sistema fechado. Talvez por isso seja mais difícil. Cada um precisa ser responsável por suas decisões, palavras, atitudes, por seus pensamentos — baseados nos ensinamentos e ao mesmo tempo transformando e sendo transformados pelos ensinamentos.

Vivenciar os preceitos — não como obrigação, mas como escolha sábia — me faz lembrar um pouco o que você fala sobre o que é amar. Você falou uma vez sobre os presentes que costuma trazer para sua filha Natália sempre que viaja. Como você viaja muito, ela vive ganhando presentes. Alguém teria dito que você estava sendo generoso, muito generoso com a Natália, e você respondeu que não há generosidade ou obrigatoriedade. O que há é amor. Quando você fala dos presentes da Natália, eu gosto muito. Não é por obrigação que buscamos o bem coletivo, não é por sermos generosos, não é por sermos politicamente corretos, mas por compreendermos em profundidade.

Então, no momento em que uma pessoa se percebe como sendo a vida do todo, quando se percebe interligada a tudo, não é por obrigação que faz o bem. Não é por moral, por dever, mas por alguma coisa que surge de dentro, porque tudo é o próprio ser.

Bernie Glassman, de Nova York, um monge, meu amigo e irmão mais velho na Ordem, dá a seguinte explicação: "Quando você machuca um de seus dedos ao usar um martelo, a outra mão logo larga o martelo e segura o dedo ferido para cuidar dele. O ato é imediato. Você não se questiona se deve cuidar do dedo ferido, se deve se vingar do objeto com o qual se feriu, se deve bater com o martelo na mão que feriu a outra ou várias indagações semelhantes. A resposta é imediata. Assim deve ser nossa ação no mundo. Assim deve ser a compaixão."

Há duas características fundamentais no budismo: sabedoria e compaixão. A sabedoria afasta tudo o que é mau, nefasto. A sabedoria liberta, porque quem vê a realidade como ela é e atua de forma decisiva e ativa em determinada direção — baseado nos princípios éticos — estará beneficiando todos os seres.

Quem desenvolve a sabedoria também desenvolve a compaixão — o cuidado adequado. Sabedoria sem compaixão não é a verdadeira sabedoria. E compaixão sem sabedoria não serve. É como se tornar uma pessoa boazinha. Os bonzinhos não são necessariamente corruptos, mas são inadequados e capazes de fazer o mal pensando que estão fazendo o bem. Como diz aquele ditado: "De boas intenções o inferno está cheio."

Devemos ter muito cuidado com pessoas que se dizem cheias de compaixão, mas, sem ter aberto o olho da sabedoria, mais atrapalham do que ajudam. Muitas vezes elas são movidas pela vontade de agradar, tanto a si mesmas quanto aos outros, e isso pode ser nefasto. São aquelas que pensam pequeno, chamadas de *cor-ruptos*, cujo coração foi maculado por sua própria visão miúda. Quem tem uma visão pequena de si mesmo e da vida, quem só enxerga de forma menor, individual — como se o indivíduo pudesse ser separado do todo —, é alguém que provoca desconforto e desarmonia. Não consegue ser feliz. A aparente felicidade de possuir alguma coisa, de apresentar alguma proposta ou de alcançar algum poder, se esvai no momento em que ficou pequeno o seu pensar. Falta-lhe sabedoria, compreensão clara e profunda de si mesmo e da realidade.

Agora, quando o pensamento se expande, a pessoa não precisa de muita coisa, porque o todo está manifestado e à disposição. Não há falta e não há excesso. Nesse sentido, a vida se torna ética, uma vida na qual a pessoa se torna os preceitos, os princípios — sem esforço extra, de maneira natural. Trabalha, estuda, relaciona-se com tudo e todos de forma inteligente e amorosa. Sem se vangloriar, sem culpar ninguém. Sem se humilhar, vive a humildade.

A meditação pode silenciar um pouco os estímulos provocados pela própria mente ou por estímulos externos. A mente é como um computador de última geração, capaz de processar inúmeras informações simultaneamente. Só que, às vezes, ficamos ocupados com tantas coisas inúteis que não conseguimos acessar o que é essencial. É necessário, então, um pouco de silêncio.

Meditar exige disciplina e orientação. É preciso seguir alguma linha, algum princípio. Caso contrário, pode-se estar sentado, em aparente meditação, e pensar em bobagens, viajando mentalmente, pensando em pornografia, em armas, em comer, em dormir.

Anda muito na moda o conceito de *mindfulness*. Há muitas pessoas desenvolvendo o treinamento de *mindfulness*, fazendo aulas, tendo orientações. Pode ser bem interessante. Observar a si mesmo. Atenção plena. No ioga isso se chama darana. É um dos aspectos da meditação, a capacidade de manter o foco, a atenção plena no que se está fazendo.

Talvez fosse melhor treinar *mind-emptiness,* como sugeriu no Facebook uma pessoa que conheço (Laura Ferrari, professora de ioga). Esvaziar a mente de ideias e conceitos. Esvaziar-se de si mesmo para que seu eu verdadeiro — se é que podemos chamar assim — se manifeste em sua grandeza e plenitude.

A mente cheia, ou seja, o *mindfulness*, é a mente por inteiro. É estar absolutamente presente no agora, com toda a atenção. Porém, um franco-atirador também está absolutamente presente no agora, ou seja, pratica *mindfulness,* e não está em processo meditativo. Isso significa que a atenção plena pode ser usada também para cometer crimes em que a precisão é necessária.

Atenção plena não é meditação. Se não houver ética, princípios, valores, se não houver um aprofundamento do ser com o Ser, apenas fazer tudo com muita atenção não é suficiente.

Meditar é ir além do eu, além até mesmo da atenção plena. É penetrar em profundidade na essência da mente e tomar decisões benéficas para todos os seres, pois há identificação com todos. A atenção plena pode ser o início de uma prática, mas não o objetivo final. O *mindfulness* não é o zazen, não é meditação, mas um dos aspectos que podem levar uma pessoa a adentrar níveis mais profundos de consciência.

Esse é um dos aspectos que levam o ser humano a mergulhar em processos meditativos que chamamos de *dhyana* ou zen, e estes levam ao *samadhi*. *Samadhi* é a experiência de estar conectado a tudo. Não é apenas mental, intelectual — é uma experiência física. Todo o meu corpo é a vida do universo. Todos os elementos que formam este universo estão presentes neste corpo humano, e, quando o experiencio, há uma mudança em mim e no mundo. No Japão pode ser chamado de *kensho* (ver sua própria natureza) ou *satori* (iluminação), mas esse não é o ponto final, o objetivo final, o local de cessar a prática. Será que adentrar esse estado é suficiente? É a meta em si?

Uma vez um homem foi ao templo e comentou: "Monja, eu tive uma experiência iluminada." Respondi: "Muito bem. O que você faz com isso? Como você vive, então? Sua vida mudou, você está mais feliz, está se sentindo melhor? Ou continua fazendo as mesmas coisas?"

Se não houver mudança no olhar, no falar, no pensar, na maneira de se relacionar consigo mesmo e com o mundo, para que serviu esse esforço, esse encontro? Algumas pessoas querem uma confirmação, um carimbo de iluminação. Isso é bobagem. Eu vejo pessoas que correm atrás de uma confirmação, e até compreendo: "Eu quero que a monja carimbe minha iluminação, autentique minha experiência."

Eu mesma iniciei práticas meditativas há mais de quarenta anos e queria saber se estava no caminho certo. Para isso, fui procurar professores e orientações. Concluí que ter uma experiência iluminada é muito bom, mas não é suficiente se for uma experiência isolada da realidade. Meu carimbo não será suficiente se você não aplicar em sua vida diária o que acessou. O que essa experiência transformou em você e no mundo? Seu olhar se expandiu e seu coração se abriu em compaixão por todos os seres? Aumentou sua capacidade de compreender a si mesmo e aos outros? Ajudou a compreender sua própria mente, suas sensações, percepções, conexões neurais e consciências?

Para o budismo, o ser humano é formado por cinco agregados: corpo físico, sensações, percepções, conexões neurais e consciências. Há várias consciências: uma para cada sentido, outra que tudo gerencia e organiza, outra que leva e traz informações de uma grande consciência, onde tudo está sendo armazenado. Nenhuma delas é fixa ou permanente. Perceber o processo mental pode ser a chave da liberdade, a oportunidade do despertar, o autoconhecimento.

Por isso, Clóvis, acho muito importante seu trabalho como professor, com tanta gente, com vasta abrangência, porque você provoca as pessoas para o despertar. Você provoca as pessoas a pensar. E meditar tem a ver com isso. Temos que provocar, não?

Nas primeiras vezes em que meu professor Maezumi Roshi, no Zen Center of Los Angeles, leu trechos do mestre Dogen, fundador da nossa Ordem no Japão, no século XIII, comecei a me interessar pelo que ele disse. Pensei: "Não entendo o mestre Dogen Zenji, mas há algo que faz sentido, há alguma coisa que eu entendo, em algum lugar." Assim, fui à biblioteca pública, no centro da cidade, procurar nas prateleiras de budismo pelo mestre Dogen Zenji. Meu professor e orientador, Maezumi Roshi, recomendava não ler as traduções, porque são péssimas. Mesmo à revelia dele, peguei emprestadas traduções do livro proibido e comecei a ler. Meu encanto foi quase imediato. Pensei: "Nossa, como é intrigante! Nenhuma outra leitura me interessa, me provoca tanto. Não vou conseguir ler mais nada." Era lindo e, ao mesmo tempo, difícil. Eu queria chegar a esse estado mental a que o autor chegara. Nada era mais significativo do que entender o que parecia ininteligível.

Fui jornalista e gostava muito de literatura, mas de repente, quando iniciei os questionamentos existenciais, quando entrei nesse universo mais filosófico e questionador, outros tipos de leitura perderam um pouco o encanto para mim, por mais bem escritas que fossem. Comecei a ler as obras do mestre Dogen com grande avidez e continuo até hoje, lendo e me maravilhando. Cada vez que releio seus textos, surge um novo aspecto. Ele nos leva a pensar de certa forma, depois desconstrói, reconstrói e torna a desconstruir.

Seus textos apontam para o absoluto. Quando compreendemos o absoluto, ele nos conduz ao relativo. Quando compreendemos o relativo, ele nos leva de volta ao absoluto. Até que somos capazes de perceber que absoluto e relativo não são opostos. Absoluto e relativo trabalham juntos como a luz e a sombra, como o pé direito e o pé esquerdo ao andar. Podemos comparar o relativo com nossa visão individual do mundo. Uma visão parcial e local. E o absoluto é a totalidade da vida, o global.

Há um trabalho de um monge chinês chamado Tozan Ryokai, do século IX. Ele definia cinco relações importantes: o absoluto sozinho; o relativo sozinho; o absoluto dentro do relativo; o relativo dentro do absoluto; o relativo e o absoluto interagindo. O monge Tozan Ryokai explicava essas relações usando o exemplo do senhor e do vassalo: o senhor sozinho, o vassalo sozinho, o senhor com o vassalo, o vassalo com o senhor e ambos juntos, caminhando lado a lado.

Hoje falamos sobre o eu menor e o Eu maior. A visão pequena da vida e da realidade, focada em seus interesses particulares; e a visão maior, focada nos interesses de todos. Imagine se essas duas visões funcionarem simultaneamente. Teremos indivíduos felizes e uma sociedade mais harmoniosa.

Capítulo 2

IDENTIDADE — FIDELIDADE — PRINCÍPIOS

PROFESSOR CLÓVIS: A monja, nesse universo riquíssimo de reflexões que propôs, mencionou um exemplo que, de fato, usei durante muito tempo e que, mais recentemente, ficou esquecido. Uma situação em que você acaba de conhecer alguém. Eu citava a Vila Madalena desde antes dos blocos de Carnaval. Sempre usei a rua Aspicuelta, porque é uma maneira de despertar a plateia. É o tipo de nome que não deixa a pessoa dormindo. Nome basco, imagino eu, e lá no bar da rua Aspicuelta, onde há muitos bares, você encontra alguém que não conhece e, de certa maneira, quando isso acontece é importante você contar para o outro quem você é. E essa é uma tarefa de espetacular simplicidade. Afinal, se estamos convivendo conosco já há algumas décadas, seria de supor que tivéssemos uma ideia de quem somos, pelo menos. Isso talvez seja o objeto de investigação mais próximo de nós, mas ao mesmo tempo é um esclarecimento de extraordinária dificuldade, ou melhor, complexidade.

O que é importante dizer para definir quem somos? E naturalmente aí eu arrisco uma tese. A grande matéria-prima de nossa identidade são as referências a que recorremos para tomar decisões. Se você quiser, pode chamar de princípios ou valores, mas é por meio do uso da nossa liberdade, é relatando o que fizemos da nossa vida — ou, para falar como o nosso amigo Cortella, "relatando qual foi nossa obra até aqui" — que vamos dizer quem somos para quem está à nossa frente.

Se eu disser para outra pessoa informações a meu respeito que são comuns a muita gente, não adianta muito, porque qualquer um que esteja interessado em saber a meu respeito precisa de outras informações além dessas. Precisa de informações que me diferenciem, pelo menos em relação a alguns. Assim, informar que sou professor já ajuda. De ética, melhor ainda. Na universidade pública? Sou exclusivamente professor? Eis aí um conjunto de informações que vai me diferenciando e, portanto, ajudando o interlocutor a entender um pouco quem sou a partir dessa diferença.

Naturalmente, quando digo "sou professor", há talvez uma simplificação, um ser e uma profissão. Melhor seria dizer: exerço o trabalho ou a função de professor, mas, com isso, conto também o que está por trás: a escolha pela docência. No meu caso, foi de fato uma escolha. O movimento inicial foi no sentido do direito e, portanto, da advocacia, quem sabe uma profissão ligada ao direito decorrente de concurso público. No entanto, se tudo isso foi deixado de lado em prol da docência, essa escolha teve uma referência, porque toda escolha implica atribuição de valor entre várias candidaturas, entre várias possibilidades, para identificação da possibilidade ou da alternativa de maior valor.

Toda escolha implica chegar à certeza de que uma das possibilidades vale mais do que as outras, tem valor maior do que as outras. E, assim, eu fiz uma escolha, que foi ser professor, trabalhar como professor, em detrimento de escrever leis, de julgar. Também estudei jornalismo, mas, em vez de ser repórter, escolhi ser professor. Ora, existe alguma coisa por trás disso. É uma referência importantíssima, porque quem escolhe ser professor conta mais do que só isso, conta muita coisa que lhe é muito importante, que tem para si muito valor. É claro, a primeira delas é a didática, o gosto por tornar claro aquilo que sem você ficaria menos claro. Esse apreço por se aproximar do repertório presumido do seu aluno é um valor. É, da mesma maneira, o gosto pelas ideias, pelo diálogo, pelo debate, pela busca da verdade, algum desapego por grandes recompensas financeiras. Tudo isso faz parte do que está por trás da escolha de ser professor.

Então, é interessante, porque, ao falar para alguém sobre nossas escolhas, logo relatamos o que é importante para nós. É por isso que me permito concluir que o que há de mais importante para nos definir é aquilo que é mais importante para nós, ou seja, nossos valores, aquilo que consideramos valioso. E veja que isso ainda atende a uma necessidade — social, ética ou, se preferir, apenas de relacionamento —, porque, quando alguém quer saber quem somos, quer saber com quem está lidando e sobretudo se essa relação é sustentável. Essa é a primeira, digamos, "utilidade" de saber quem está diante de você.

Ora, não dizemos de maneira verdadeira, autêntica, genuína, o que é importante para nós: damos todo o arsenal de um *corpus* de reflexão que permite fazer inferências a respeito do que está por vir, porque, se eu digo que a didática é importante para mim, é perfeitamente possível, a partir daí, fazer inferências sobre minha vida no futuro, sobre as escolhas que farei e as que poderão impactar minhas relações. Daí a importância dessa manifestação.

Agora, surge aqui um aspecto que me parece muito importante, monja, porque, de certa maneira, esse nosso primeiro passo de nos apresentar por meio do discurso, por meio também de certas práticas, nos leva a concluir que não é só o que dizemos a respeito de nós mesmos que permite que construam uma ideia sobre nós, mas também o que fazemos, como nos movimentamos, como interagimos com outras pessoas. Muito bem. Tudo isso é apresentado e gera em nós um compromisso. Em outras palavras, é numa espécie de presunção de fidelidade à definição de si, à própria identidade, aos próprios valores, que outros acreditarão ou não em nós, ou seja, se aproximarão ou se afastarão. Portanto, temos em relação a essas pessoas uma responsabilidade que cobra de nós alguma fidelidade. Entendendo aqui por fidelidade o respeito a si mesmo, o respeito ao que você já disse sobre si mesmo, o respeito àquilo que você acredita ser.

Então, queria muito chamar a atenção para o fato de que vivemos em uma sociedade onde as pessoas nos cobram estar antenados. Você não usou esse termo, talvez, mas quis dizer "ligado no mundo o tempo inteiro", antenado. Várias vezes escuto pessoas importantes do mundo do capital dizendo que é preciso não perder oportunidades.

Agora, veja que interessante, monja. A mesma pessoa que diz que não podemos perder oportunidades não aceitaria a pecha de oportunista. Não parece um contrassenso? Porque, se não posso perder oportunidades, só poderia ser um oportunista, ou seja, colocarei a oportunidade acima de qualquer outro valor. E o que é a oportunidade? É não deixar escapar uma situação que possa trazer vantagem para si ou para o grupo, o coletivo ao qual pertenço. E o que poderia comprometer a oportunidade? A fidelidade. Em outras palavras, quando você abre mão de ganhar? Você abre mão de ganhar quando não percebe a possibilidade, mas, excluindo esse caso, porque ele é raro, quase sempre percebemos bem a possibilidade de ganho. Quando abrimos mão da possibilidade de ganhar? Ou quando abrimos mão de aproveitar uma oportunidade? Ou, se preferir, quando deixamos de ser oportunistas? Quando colocamos outro valor acima do ganho imediato que aquela situação permite. E as pessoas fazem isso, por exemplo, quando aproveitar a oportunidade exige um comportamento infiel, uma negação de si mesmas.

Peço que todos se recordem de quanto já ouvimos pessoas importantes pedindo que esquecêssemos o que tinham dito antes, no passado. Tenho a impressão de que nossos maiores mandatários, cada um do seu jeito, sugeriram que o que tinham dito fora por água abaixo porque a situação exigia uma nova postura, uma nova disposição, uma nova estratégia. Ora, a isso chamamos de infidelidade. Pedem-nos autorização para agir de maneira infiel, colocando as oportunidades acima do respeito a si mesmos. É o que chamaríamos de oportunismo.

Não é que nossas identidades sejam cláusulas pétreas inamovíveis e inabaláveis. Cláusulas pétreas são normas previstas na Constituição Federal que não podem ser modificadas ou emendadas em nenhuma circunstância, porque o legislador as entende como matéria blindada. No entanto, quando desmente aquilo que assegurou ser, você deixa seus interlocutores no limbo. O problema da fidelidade é que não vivemos numa ilha, cercados de coqueiros. Nós vivemos uns com os outros. Vivemos em interação, como você muito bem disse aqui. Cada movimento, cada espirro, obriga o mundo a uma reacomodação de seus limites mais amplos, ou seja, não há a menor possibilidade de uma neutralidade existencial. Tudo, até o fato de você dormir, produz efeito. É o que sempre digo para a minha esposa. Sempre que ela adormece e eu tenho a expectativa de que esteja acordada, ela me entristece. "Eu não fiz nada; eu dormi." Ao dormir, você me entristeceu imensamente, porque cheguei com a expectativa de um intercâmbio que exigia de você, pelo menos, estar desperta, mas, como estava dormindo, me obrigou a dormir também. Veja que de neutro não tem nada. Eu não queria dormir, mas, na falta do que fazer, acabei dormindo.

O silêncio absoluto é poderosíssimo em termos de eficácia, exigindo do mundo uma reacomodação sem fim. Se você ficar imóvel em uma praia, poderá gerar uma duna gigantesca atrás de você. Portanto, você não pode dizer que não tem nada com isso, que não causou nada, que não desencadeou nada, porque todo instante de existência é um instante profundamente gerador de impactos. E é engraçado, monja, porque nunca ouvi falar tanto na palavra "impacto", uma conduta que impacta, como se isso fosse uma novidade do mundo de hoje, como se fosse possível não impactar. O homem impacta o planeta desde Adão. Naturalmente, dentro da tradição budista haverá alguma referência lendária para isso, mas o homem impacta o planeta desde o primeiro átomo, desde a primeira molécula, e continua impactando até hoje. Talvez o que mude seja a envergadura ou o tipo do impacto, mas o impacto em si nunca deixou de haver.

Agora, você poderá impactar respeitando a própria trajetória e, nesse caso, agir de maneira fiel — e isso é uma demonstração de respeito a todos aqueles que se dedicaram a ouvir você um dia. Você também pode pensar assim: "Por que eu perderia tantas oportunidades só para ser coerente com o que disse sobre mim antes?" Não é uma boa questão? Às vezes, o que você perde é a fronteira entre o sucesso e o fracasso. Às vezes, o que você perde é sair na capa da revista de negócios ou a admiração do maior número de pessoas à sua volta. É muita coisa. Para não falar do dinheiro, da riqueza, do poder.

As oportunidades aparecem entre o momento em que você se manifestou e o momento em que poderá agir de maneira fiel ou não. Aí você percebe claramente que agir de maneira fiel a certo entendimento sobre si mesmo implicaria perder oportunidades; e o contrário, aproveitar as oportunidades exigiria desmentir o que disse a seu próprio respeito.

Você poderia perguntar: "Mas me dê algum fundamento para o valor da fidelidade." O fundamento é este: tinha alguém ouvindo. O fundamento está no outro e na consequência mais imediata da fidelidade, que é a confiança. Ou seja, você costurará relações de confiança se, e somente se, puder ser fiel. Agora, se agir de maneira infiel, aproveitará todas as oportunidades, mas não cobre daqueles que foram largados, traídos, decepcionados que voltem a bater à sua porta. Não exija deles o que não é mais possível exigir, porque você estilhaçou um vaso que não pode ser colado de volta, que é o vaso da confiança em você.

E, veja, nunca se falou tanto em sustentabilidade. Os franceses, como tradução de *sustentabilidade*, usam a palavra *durabilité*. É interessante porque eles são os pais do sutiã, mas quando falam em sustentabilidade (eles poderiam falar em sutiã à vontade, porque até nos outros países se usa a palavra deles) usam o termo *durabilité*. Eu acho *durabilité* ótimo porque, tudo bem, sustentabilidade ambiental para que o planeta dure, continue existindo. Sem fidelidade não há sustentabilidade. Não sei se haverá alguém com cara dura para defender o contrário. Sem sustentabilidade social, as pessoas não têm como continuar existindo. Já a sustentabilidade econômica cobra de você mais do que o oportunismo, porque, se você destrói a confiança em si mesmo, compromete exatamente a sustentabilidade econômica: a certeza de que amanhã você poderá continuar jogando, trabalhando, produzindo, vendendo, ganhando, lucrando. E a traição compromete essa possibilidade.

Veja que interessante: o respeito ao passado, que é a própria fidelidade, é a condição do respeito ao futuro, que é a sustentabilidade. Quer dizer, não agir hoje de maneira a colocar o amanhã em dificuldade. Não ganhar tudo o que puder se esse ganho comprometer o ganho de amanhã.

Chegamos aqui, a meu ver, numa questão que me parece definitiva. Por viver em sociedade, todos temos que dispor de uma espécie de identidade, de uma definição a nosso respeito, e essa definição não depende nem só de nós, nem só dos outros: é construída na intersubjetividade, nessas relações a que você se referiu. Não somos senhores do que pensam sobre nós, até porque, se fosse assim, ninguém nunca pensaria mal de nós. Então, evidentemente, essa identidade, que é uma produção polifônica, produção de todos, é um elemento fundamental de nossa existência na sociedade e de como interagimos com as pessoas. E essa identidade, por sua vez, terá elementos, a meu ver, muito acidentais — é o que Bauman chama de identidade líquida, ainda mais nos dias de hoje —, elementos ligados ao consumo.

Eu me defino como aquele que gosta de tal tipo de filme, de música, de livro, de não sei o quê. Acho até que consumir a monja Coen ou consumir os filósofos, tipo Cortella, Pondé, Karnal, faz parte dessa lógica de um certo consumo cultural que ajuda a definir. No entanto, existe também uma espécie de núcleo duro da identidade, em relação ao qual se espera maior permanência, e esse núcleo duro é um núcleo de referências para a vida, de princípios em função dos quais tendemos a tomar decisões, fazer escolhas e permitir a quem quer que seja certa antecipação da nossa vida no mundo. Se não houvesse fidelidade, seria impossível a vida em sociedade. Ainda, se a infidelidade se tornasse uma regra universal que nos escravizasse, ou seja, se nos tornássemos infiéis por princípio e por necessidade, o relacionamento entre seres humanos estaria definitivamente comprometido, porque teríamos instâncias absolutamente cambiantes, gelatinosas, móveis, ameboides, em relação às quais não poderíamos ter nenhum tipo de expectativa. Nenhum.

Por exemplo, tenho a minha esposa, com quem eu moro. Não houvesse nenhum tipo de fidelidade, eu poderia esperar tudo dela a cada segundo, o que tornaria todo o relacionamento enlouquecedor. É porque a fidelidade não desapareceu de todo que eu ainda consigo ter resquícios de segurança na vida com os demais.

MONJA COEN: Isso é maravilhoso! Fico imaginando como seria se cada um de nós mudasse a cada instante e não soubesse o que esperar — não só dos outros, mas de nós mesmos. De certa forma, será que não é isso que está acontecendo? De que maneira estamos pensando agora, de que ângulo estamos vendo a realidade e como nos relacionamos? Isso é muito interessante e, em alguma medida, já está acontecendo.

Muitas pessoas, nós não sabemos bem de onde vêm e para onde vão — e acho que nem elas mesmas sabem. Pessoas de 30 anos que estão procurando a chamada felicidade e que nem sabem o que isso quer dizer procuram um estado ideal de completude, mas não sabem exatamente o que é ou apenas ouviram dizer que ela existe. Será que se eu for fiel, ou infiel, vou deixar de ser feliz? Será que a felicidade é me sentir bem a todo momento com algo agradável para meu corpo, para meus sentidos? Serei feliz assim? Na hora em que essa coisa perder o encanto, vou procurar outra que me encante? Estaria fugindo da apreciação desse momento?

Você já falou algo sobre Platão, sobre o amor segundo Platão: "Eu desejo, mas na hora em que obtenho o que desejava já não desejo mais, não serve mais, não quero mais."

PROFESSOR CLÓVIS: É a lógica do Eros. É um desespero. Escapa pelas mãos.

MONJA COEN: Isso tem a ver com a ideia da felicidade, do estado ideal. Um estado que eu quero alcançar e que não é alcançado porque é ideal, não é real, e não sou capaz de apreciar o que está acontecendo. Assim, também não há capacidade de formar a própria identidade.

Podemos então falar de pessoas que não formam a própria identidade. A tecnologia pode facilitar a dissociação e a infidelidade a qualquer princípio, porque tenho que estar sempre participando de tudo o que está acontecendo. O bullying na internet vem ocorrendo com muitos jovens. Por exemplo, uma menina de quem alguém fala mal na escola passa de repente a ser perseguida. Como ela precisa se sentir amada por todo mundo, vai se moldar e fazer coisas para se adaptar a esse grupo — coisas que não faria por princípios familiares ou educacionais. Em grupo, às vezes, a pessoa é muito diferente do que é como indivíduo. Quem são esses meninos que vão assistir ao futebol e, de repente, saem brigando porque em grupo se tornam violentos? Existe uma coisa na formação de um ser humano sobre a qual acho muito importante refletir: estamos formando seres humanos coerentes?

Outro assunto que aprecio — e que você sempre aborda — é gostar de si mesmo. Não consigo me largar em nenhum lugar. Aonde vou, vou junto, 24 horas por dia, 365 dias por ano. Se eu não gostar deste personagem, se não construir alguém com quem seja fácil conviver, não vou gostar de ninguém mais, porque preciso primeiro sentir prazer na minha companhia e dignidade naquilo que faço. Pode ser que ninguém perceba, mas, se eu quebrar qualquer princípio, se for infiel a qualquer um dos princípios que estabeleci para mim mesma, eu saberei. E então não vou mais caminhar como caminhava antes. Não vou viver como vivia antes.

Minha superiora no mosteiro feminino de Nagoia, onde fiz minha formação monástica, uma vez disse uma coisa bem simples e interessante: "O avesso tem que ser tão bonito quanto o direito." Se você costura um manto de Buda, uma roupa que vai vestir, o avesso tem que ser tão bonito quanto o direito. Algumas pessoas se preocupam apenas com o lado chamado direito, o lado de fora, a aparência. Em público, são muito educadas, muito gentis e falam coisas muito apropriadas, mas, quando estão sozinhas, não são tão apropriadas assim.

Então, como educar pessoas para que sejam capazes de perceber que o mundo todo pode ver suas atividades secretas? Quando somos capazes de observar em profundidade, não há segredos; tudo se torna transparente.

Não tenho medo de um Deus que possa me julgar e me condenar. Sou eu que vejo, sou eu que julgo, sou eu que me aprovo ou me condeno. Sou eu que sou fiel ou infiel aos meus princípios. Esses valores já existiam na sociedade, mas fui pescando aqueles que me formariam. Nós podemos escolher. Temos pelo menos 5% de livre-arbítrio, comentam alguns autores.

Nascemos com uma carga genética que tem grande influência — física e emocionalmente — sobre nossa formação como seres humanos. Participamos de uma pequena família quando nascemos. Foi esse grupo que nos ensinou a falar, pensar, responder. Depois, fomos influenciados pela escola, pelos colegas, pelos professores e pela rua. Fomos também nos formando pelos livros que lemos, pelas conversas com amigos, professores e orientadores, pelos filmes, programas de rádio e de televisão, pelas mensagens e postagens no Facebook e no Instagram, e assim por diante. Há certos programas de TV a que tento assistir, mais por curiosidade em saber o que desperta tanto interesse na população, mas não consigo seguir mais do que cinco minutos, se tanto. Qual interesse pode haver em assistir a um programa em que as pessoas discutem quem vai ficar dentro de uma casa e quem vai embora? O que uma pessoa faz para se manter no programa e para as outras perderem? É um jogo antigo e inútil num momento em que nossa sociedade está mudando — e está mudando bonito. As pessoas vêm se preparando para a transformação necessária à sobrevivência da espécie humana. Está surgindo o caminho de cooperar e colaborar, e não mais o jogo de um ganhar e outro perder. Ou ganhamos todos juntos ou perderemos todos juntos. Entretanto, muitos ainda discutem sobre quem vai ganhar e quem vai perder, e alguns querem ganhar sempre.

Fui convidada para palestrar no YouTube Space para um público de jovens youtubers — aqueles que têm o maior número de seguidores na América Latina. Eles costumam ficar tão envolvidos em produzir material para seus canais, em ganhar novos seguidores e não perder os que já conseguiram, que não conseguem dormir. Mentes hiperestimuladas acabam tomando remédios para dormir, bebendo muito ou usando drogas. Há um excesso de estímulos neurais. São jovens de sucesso, aflitos, que postam o tempo todo, preocupados em se manter no topo. Aflitos e postando, postando. Quando terminei de falar, um jovem bonito, sentado com as pernas cruzadas em lótus, comentou: "Monja, tenho a seguinte questão: eu tenho 8 milhões de inscritos. Sou muito rico. Posso comprar o que quiser, fazer o que quiser, e a maioria das pessoas que me seguem quer ser como eu, mas está tão vazio." Que bonito, não é? "Está tão vazio." Eu respondi: "Por que você não tenta fazer com que as pessoas sejam quem são? Não quem você é. Provoque essas pessoas, porque você tem isso nas mãos. Oito milhões de seguidores!"

Algumas pessoas se prendem à aparência, à superficialidade, querem ter o carro do outro, o tênis, a corrente, o look. Não posso negar que há certo grau de importância nisso. Queremos ser aceitos, reconhecidos, pertencer a um grupo, a uma tribo. Só que, quando tudo é obtido, o vazio existencial pode se manifestar... E agora? Para que serve tudo isso? Há sentido na vida? Alguns chegam a fazer essa reflexão, outros não.

Uma vez fui palestrar para crianças e adolescentes da Fundação Casa. Muitos deles podem entrar para o tráfico porque a menina de quem eles gostam valoriza um tipo de tênis. E, para ter o tênis e, consequentemente, a menina, eles fazem qualquer coisa. Iniciei o encontro dizendo que ia lhes ensinar a fumar maconha. Eles se entreolharam. Os educadores se preocuparam. Como é que eu poderia falar sobre respiração consciente para eles? É tão simples... Então, perguntei: "Vocês já fumaram maconha?" Morreram de medo de responder, porque os educadores estavam em volta. Ninguém levantou a mão... E eu continuei: "Vamos imaginar... Você pega um papelzinho, coloca uma *cannabis* ali dentro, enrola, depois puxa, puxa... e segura. Agora solta devagar. Bem devagar." E completei: "Faça isso algumas vezes por dia. Você não precisa de maconha. Você precisa de respiração consciente para oxigenar o cérebro. Com oxigênio no cérebro, você pensa melhor. Se você pensa melhor, toma decisões mais claras. Mas, se está confuso, você é puxado e empurrado por pessoas à sua volta. Como é que pode encontrar o equilíbrio? Sendo coerente consigo mesmo, com seus propósitos e princípios, e não um ser que a cada instante está mudando. Dependendo de quem está por perto, você concorda e pode até pensar: 'Vou ser como você porque você é importante.'" Às vezes vou a alguns programas de TV, de celebridades, e as pessoas me dizem: "Vi você na TV, na Ana Maria Braga, no Jô Soares, no Danilo Gentili, na Fátima Bernardes, no Ronnie Von." Eu gostaria de perguntar: "O que eu falei? Foi interessante? Você se lembra de alguma coisa?" Na verdade algumas pessoas estão mais interessadas em fazer de você também um ser especial, pois apareceu na tela, esteve com seus atores favoritos. Alguns não se lembram do que foi discutido. Mas sempre há quem possa ouvir e entender.

Agora, há outras coisas interessantes nessa história. Você, Clóvis, há muito tempo dá aulas na internet. Você tornou acessíveis os ensinamentos, as reflexões, os questionamentos, para muita gente. Há poucos anos o marido da minha neta, da Mova Filmes, começou a me filmar e pediu minha permissão para divulgar os vídeos no YouTube. Concordei e comecei a "bombar"! Eu falo de zen-budismo! A maioria que assiste é formada por jovens, mas há pessoas de todas as idades, pessoas que me param na rua e dizem: "Monja, eu não me matei por sua causa." Aí minha vida tem sentido, e aí, como você diz, eu tenho que ser coerente com o que falo. Se há coerência é porque eu só falo sobre o que experimentei. Não falo sobre o que não experimentei. Se passei por uma situação, posso falar sobre ela. E me lembro muito de uma história que ouvi. Certa vez uma senhora, cujo filho estava com diabetes, pediu a Gandhi que recomendasse ao menino não comer açúcar, porque ele o respeitava. Gandhi disse: "Volte daqui a um mês." Ela voltou depois de um mês. Gandhi se virou para a criança e falou: "Não coma açúcar." A mãe perguntou: "Por que o senhor não falou isso um mês atrás?" E ele respondeu: "Porque eu ainda comia açúcar." Aqui há coerência.

Eu coloco em prática tudo o que falo? Sou capaz de viver o que estou falando? Ou só estou falando por falar? Porque posso ser uma farsa de mim mesma e, se me sentir uma farsa, não convenço ninguém porque não me convenci.

Veja que interessante. Buda dizia: "Você quer se tornar monge? Convença seu pai e sua mãe, vivos ou mortos." Eles estão muito dentro de nós, então, se sou capaz de convencê-los, eu me convenço. Se não convenci meu pai e minha mãe, não estou convencido e não vou ter sucesso.

E como é que a gente convence? Em geral, pais e mães são pessoas que dão os princípios básicos de um ser humano pensando na felicidade desse ser humano.

E como é que esse ser humano pode se relacionar bem com outros e com a natureza? Como é que esse ser humano pode obter meios de subsistência, e não ter que ir morar embaixo da ponte? Agora, é claro que temos uma população que mora embaixo da ponte, que nasce embaixo da ponte e que também ninguém ajuda a sair de debaixo da ponte. E há pessoas que querem manter essa população sob a ponte, sem procurar desenvolver melhores condições de vida para ela. É preciso considerar que são seres humanos capazes de transformações e melhorias. São, como tudo o que existe, manifestações do sagrado.

Temos outras questões sociais embutidas nessa história. Há pessoas que aparentam ser os libertadores, os salvadores, mas na verdade salvam apenas a si mesmas de sua mendicância espiritual, emocional.

Tenho 71 anos. Trabalhei no *Jornal da Tarde*, na geração seguinte à do Mino Carta, quando ele foi para a *Veja*. O *Jornal da Tarde* era todo moderno, com fotografias grandes, foi uma experiência muito interessante. Vivíamos o período militar, e algumas pessoas faziam censura no jornal. Nesse processo, sempre tentando driblar os censores, estes acabaram se tornando nossos amigos. Isso foi algo que achei muito interessante, porque rompia todas as barreiras de quem está deste ou daquele lado. Não existe lado. Existem seres humanos convivendo e criando harmonia ou desarmonia nessa convivência. Mesmo assim, havia uma censura sobre o que você pensava, o que você falava. Enquanto isso, muita gente estava sendo presa, morta, torturada — colegas meus de redação —, então havia um certo susto, e nós nos impusemos quase uma autocensura. Pensávamos: "Não vamos nos expor porque não sabemos se a pessoa ao lado, seu pai, sua mãe, seu irmão, seu vizinho, está aqui para ouvir e delatar você."

Acho a delação uma coisa medonha. Premiada ou não, sempre foi uma coisa muito feia. É um dos princípios que minha família me ensinou, que fazer isso não é benéfico para ninguém. Enfim, lembro que depois fui para os Estados Unidos, onde comecei minhas práticas meditativas, me tornei monja e me mudei para o Japão. Fiquei um tempo lá e, quando voltei ao Brasil, pensei: "Eu vou ser presa, porque sou uma revolução viva." Tudo havia mudado tanto em mim. Meu olhar havia mudado tanto! Minha maneira de ser no mundo estava tão transformada, voltada mais ao sentido de acolher e respeitar o ser humano e a natureza assim como cada ser é. Pensei: "O que eu posso fazer para que haja um despertar de consciência, para que as pessoas acordem, porque há muita gente morta-viva, andando pelo mundo sem saber o que fazer. São exatamente essas que seguem as tendências do momento, procurando pertencer a algum grupo. E, muitas vezes, sem avaliar que grupo é esse."

Um dia estava andando perto da Faculdade de Medicina da USP, na [rua] Teodoro Sampaio. Fui levar meus cachorros akitas para passear. De repente vi um menino sendo espancado por outros meninos e eu não podia chegar perto porque os cachorros iam morder todo mundo. Então comecei a berrar de longe: "Vou chamar a polícia, vocês parem com isso", e eles pararam, foram embora. Não posso ficar quieta se vejo alguém sendo abusado — e muitas pessoas fingem que não veem. A gente não pode fingir que não vê a realidade. Que coerência é essa? Que infidelidade é essa com o ser humano? Porque é você, não é o outro, é você. Aquele poderia ser seu filho, seu irmão, seu pai, seu primo.

Há muita beleza nos ensinamentos de Buda quando ele sai do castelo. Buda é um menino rico, protegido, "com carro blindado". Quando sai do castelo, vai encontrar a velhice, a doença e a morte. Mas ele relaciona tudo isso consigo mesmo. Ele não pensa em abrir um asilo, e sim: "Vou ficar velho." Ele vê uma pessoa doente e diz: "Eu posso ficar doente." Hoje em dia há doenças com as quais ainda não sabemos lidar. Agora existem coquetéis para a aids, mas sempre surge uma nova forma de câncer. Não é o outro que adoece: eu também posso adoecer. Buda refletiu: "Meu filho, meu bebezinho, pode adoecer a qualquer momento." Que sentido tem a vida? Precisamos pensar nisso. Falam tanto de Deus, mas o que é Deus? As deidades todas que havia na Índia. Por exemplo, Clóvis, sua filha Natália perguntou: "O que é Deus? Que deuses são esses?"

Quando eu era bem jovem, comecei a questionar também. Venho de uma família católica apostólica romana. Aos 13 anos eu disse: "Não vou mais à missa. Não entendo o que é isso. Não faz sentido para mim o que vocês chamam de Deus, o que vocês falam. O ensinamento de Jesus é muito bonito, mas não o vejo na prática." A comida na mesa nem sempre era a mesma comida da cozinha. A carne que vinha para a mesa não era a carne servida na cozinha. E, se não sobrasse sobremesa para quem estava na cozinha, não tinha problema, porque era a empregada. Eu falei: "Gente, assim não dá. Não há coerência. Sou infiel aos princípios dos quais eu me digo representante." E decidi: "Não vou mais à missa, não vou mais à igreja e sou ateia. Não acredito em Deus, porque não sei do que vocês estão falando." Minha mãe era uma mulher que eu admirava muito. Ela era pedagoga, inteligente, agradável de se conviver e acreditava em Deus. E eu a questionei: "Mas que Deus é esse em que você acredita?" Quando fomos ao Vaticano, vi aquela pintura tão bonita, que mostrava o dedo de um homem forte e jovem encostando no dedo de um idoso também forte e de longas barbas brancas. Mas Deus não é um velhinho e não é um homem, que história é essa? Isso não batia de jeito nenhum. Foi quando comecei a minha procura.

Anos depois, fui trabalhar no *Jornal da Tarde* porque gostava de ler e escrever. Lá eu era foca (jargão para jornalista iniciante, aprendiz de repórter). Acabei ficando por uns três anos. Foi uma época muito rica, muito estimulante. Uma experiência de abertura mental, de sair do *locus* familiar, do pensamento de um bairro, de uma rua, de uma casa. Minha mente se abriu. Todo mundo que eu encontrava, entrevistava, eram pessoas, seres humanos. Tanto a senhorinha da favela fazendo arroz com feijão na lata de leite em pó quanto a rainha Elizabeth com ciúmes do príncipe Philip, que era paquerador. Semelhantes. Nas entrevistas coletivas — que maravilhoso! —, todos eram seres humanos. Há algo comum a todos nós, algo da nossa espécie. E, quando começamos a romper as fronteiras, as barreiras da aparência, do lugar, da posição — fronteiras que às vezes impomos —, encontramos pessoas, e pessoas são bonitas, são agradáveis se forem verdadeiras. Se vestirmos máscaras e quisermos impressionar uns aos outros, estaremos agindo como tolos e poderemos provocar inimizades, brigas, rancores.

Certa vez, quando tinha uns 19 ou 20 anos, estava participando de um jogo de vôlei. Havia uma menina no time que era de família árabe, muito bonita, da minha idade, e tinha uns cabelos compridos que me faziam morrer de inveja. A inveja, como diz o Karnal, é disfarçadinha, fingida. Quando me passaram a bola, dei uma cortada bem em cima dela. Ela pegou a bola, deu a volta na quadra, olhou para mim e disse: "Por quê? Daqui alguns anos você nem vai se lembrar do meu nome." A garota tinha apenas 19 anos, inesquecível. Eu não me lembro mesmo do nome dela, mas percebi em mim essa ação violenta, agressiva, invejosa, raivosa, desnecessária. E, às vezes, precisamos de pessoas que nos chamem a atenção no momento em que a situação acontece. Acho que isso é educação.

[A monja caminha pela sala do apartamento do professor Clóvis.]

MONJA COEN: Há muitas Kombis aqui... Em suas estantes, entre seus livros, pequeninas Kombis de várias cores e tamanhos. Miniaturas...

PROFESSOR CLÓVIS: [*também caminhando*] Desde criança, sempre fui louco por Kombis. Essa é só uma parte singela da minha coleção. Tenho também uma Kombi de verdade que uso para me deslocar até uma pequena cabana da família em Serra Negra. Essa cabana fica bem no meio do mato mesmo, e lá tem o resto da coleção. É para onde pretendo me mudar quando as coisas estiverem chegando ao seu final... A cabana fica no alto de uma montanha, e quem me vendeu disse que dava para ver 21 cidades de lá, mas, como não enxergo direito, não vejo nada. Há quem tenha visto umas quatro ou cinco, e você pode passar dias sem ver ou ouvir ninguém. Às vezes esse isolamento me faz muito bem.

MONJA COEN: Quando estive no Japão, morei em um templo entre Tóquio e Nagoia, perto do monte Fuji. Eu ficava sozinha lá. Não havia vizinhos, não havia nada além de natureza. Era muito bom! Havia pássaros, e eu só abria a boca para rezar, porque não tinha com quem falar... Trabalhava muito. Cuidava do jardim, do templo, mantinha tudo em perfeita limpeza e ordem. Estudava, meditava, orava. Meus professores se preocuparam, achando que era meio perigoso, porque eu preferia ficar lá, sozinha, a estar no mosteiro de Nagoia ou no templo de Tóquio. Eles conversaram e disseram: "Ela não veio praticar no Japão para se tornar uma eremita, não podemos deixá-la muito tempo por lá", então começaram a me chamar com mais frequência para ir às cidades e auxiliar nas tarefas locais... Era difícil ir para o mosteiro ou para o templo. Ficar sozinha era muito prazeroso. Eu precisava estudar, estava no final da formação, então precisava ler vários textos para produzir alguns escritos. Era muito agradável porque eu vivia como se estivesse no mosteiro, com a rotina do mosteiro. Naquela época eu acordava às quatro da manhã ou, como você, algumas vezes às cinco, antes do amanhecer. Fazia meditação e comia o que eu mesma preparava. Depois limpava o templo e os jardins, suava muito, e então ia estudar. Depois de estudar, meditava. Ficava em silêncio. Depois do silêncio, escrevia. E achava que esse era um caminho excelente, porque permitia um tempo para o "computador" — minha mente — processar todas as informações. E de repente, como se viesse do nada, saía um texto que já estava coeso, pronto, sem precisar de muitas revisões.

Naquela época estávamos estudando sobre discriminação e preconceito. Havia grupos no Japão que viviam em guetos, isolados e sem possibilidade de inserção na sociedade. Essas pessoas eram chamadas de não humanas, por causa de suas origens (algumas vinham de longínquas famílias coreanas, por exemplo, ou eram nascidas no extremo norte ou no extremo sul do país). Determinadas profissões eram tidas como inferiores. Isso acontecia, por exemplo, com quem trabalhava com tintura de tecidos ou em matadouros, ou quem fazia tambores de peles de animais ou fabricava a tinta com a qual eram escritos os sutras, os textos sagrados.

Os excluídos passaram a viver em áreas menos favorecidas das cidades e dos campos e sofriam toda espécie de abuso — eram discriminados quanto ao casamento, ao trabalho, aos relacionamentos. Eram chamados de animais, de seres que andam de quatro. Foram muitos os casos de suicídio e crises de depressão entre os discriminados. Internacionalmente, o Japão foi admoestado por violar os direitos humanos.

Ainda há resquícios dessa discriminação entre alguns japoneses. Até hoje existem guetos, locais onde apenas os que são considerados "inferiores" habitam. E o preconceito também não foi totalmente extinto.

Os monges escreviam os nomes dessas famílias nos túmulos faltando um caracter, para que elas fossem identificadas e discriminadas — muitas não eram letradas. Há textos de ensinamentos budistas, trazidos da Índia, em que os considerados fora das castas, os intocáveis, são chamados de não humanos. Eram pessoas que limpavam as latrinas, que cuidavam dos mortos. Esse preconceito, que já existia na população japonesa, foi reforçado pelos textos vindos da Índia e mantido por séculos.

Shinai, sasenai, yurusanai são palavras conhecidas por todos no Japão, que foram divulgadas em uma campanha educacional contra discriminação e preconceito. Seu significado: não faça, não permita que façam, não desculpe quem faz.

Hoje, todos os grupos religiosos trabalham para que o preconceito não perdure. Foi criado até mesmo um dicionário de expressões que nunca devem ser usadas, pois poderiam ofender outros seres humanos. Esse mesmo dicionário inclui expressões discriminatórias de gênero, de estrangeiros e que se refiram a pessoas com deficiências físicas e/ou mentais.

Cabia a nós, monges e monjas, a aproximação para acabar com as discriminações e os preconceitos. Então, começamos a reler todos os textos clássicos. A Índia, com seu sistema de castas, trouxe para dentro do budismo seus valores, e o budismo se espalhou usando essa terminologia, discriminando os excluídos da época — os párias. Em nossos estudos iniciamos a revisão desses termos, e foi muito rico poder visitar vários lugares.

PROFESSOR CLÓVIS: Então você ficou no Japão?

MONJA COEN: Por doze anos.

PROFESSOR CLÓVIS: Doze anos! *Sō desu ka?*

MONJA COEN: Foi bom. Eu vinha ao Brasil a cada dois anos, ficava uma semana, durante os primeiros sete anos em que vivi no Japão.

PROFESSOR CLÓVIS: A cada dois anos, uma semana?

MONJA COEN: É. Era muito interessante, porque a vida no mosteiro é uma coisa. Quando chegava aqui, minha filha queria ir ao shopping. E lá íamos nós para o shopping, o que para mim era exaustivo, porque há muita informação lá. A gente é bombardeado. No mosteiro brigávamos pelo pano de chão, quem não dobrou o pano de chão direitinho. E era um universo muito pequeno, muito restrito, éramos apenas vinte monjas. Quando eu chegava a São Paulo, minha filha me chamava, toda alegrinha: "Vamos ao shopping, mamãe." Ai, que sacrifício! Chegava um momento em que eu dizia: "Não, eu preciso voltar." Ela ficava triste, e eu não queria deixá-la triste, então vivia um conflito muito grande.

Até que, depois de doze anos, voltei para o Brasil de vez. Fui me acostumando com a vida de um templo urbano, não de um mosteiro. Atualmente vou ao shopping com alegria — desde que não seja por muito tempo. Mas, naquela época em que estava interna no mosteiro, a vida laica, os sons, as imagens, os desejos, as provocações da propaganda, das vitrines, tudo era muito cansativo. Quando vivemos em reclusão, há menos estímulos exteriores.

No entanto, não digo que esses estímulos sejam maus em si. A propaganda, a exposição de novos objetos, a descoberta de novas tecnologias, tudo isso é importante. A divulgação das novidades precisa ser feita, é necessária. Entretanto, quando vivemos de forma reclusa — como vivíamos no mosteiro feminino de Nagoia —, receber uma carga muito grande de informações, de várias músicas, múltiplos odores, diversas cores e a percepção de um consumo exagerado — uma espécie de energia forte de desejo e também de insatisfação —, tudo isso simultaneamente, acaba se tornando uma experiência extremamente cansativa.

Eram muitos estímulos para alguém que estava vivendo em clausura e só saía do mosteiro para esmolar, ir ao médico ou ao dentista. Não íamos às lojas, não víamos televisão nem ouvíamos rádio, e o único jornal que chegava ao mosteiro era todo em japonês, com pequenas e raras fotos. A realidade que vivíamos era a de meditar, orar, estudar, fazer faxina, cozinhar. Era uma vida bem quieta e ritmada. Claro que havia as questões emocionais dos relacionamentos, dos afetos e desafetos — oportunidades excelentes para o crescimento espiritual.

Sair da clausura e entrar nos templos do consumismo era exaustivo para mim. Não sou contra vitrines, propaganda e novas descobertas. Sou a favor de um consumo responsável — que difere do consumo descontrolado.

Seu filho trabalha com marketing, não é isso? Temos que divulgar o que está sendo criado para que as pessoas tenham acesso àquilo que pode ser bom, útil. Mas e se as pessoas não souberem escolher? Voltamos à questão dos valores, de seguir algum princípio. Se não sabem escolher, se não seguem nenhum princípio, se não têm um fio condutor na vida, as pessoas vão ao shopping e compram tudo de que precisam e de que não precisam — porque viram a amiga usando, porque viram alguém com tal objeto.

Quando comecei a prática em Los Angeles, uma vez fui a um zazen para iniciantes, uma aula de meditação. O monge que dava a aula comentou o seguinte: "Quando estava vindo para cá hoje de carro, de repente senti muita vontade de tomar sorvete. Olhei em volta e vi uma menininha tomando sorvete. Eu havia feito um bom café da manhã. Não precisava de sorvete. Percebi que havia entrado na emoção da menina." E ele continuou: "Quantas vezes fazemos algo sem perceber que não era a nossa vontade, nossa necessidade naquele momento?"

E não é mesmo? Não estou com vontade, mas alguém está, então essa vontade vem e parece ser minha. Por isso é difícil diferenciar o que é sua necessidade verdadeira e o que é cópia da necessidade de alguém, principalmente se a pessoa não estabeleceu uma identidade clara de si mesma. Costumamos dizer: "Para fazer praticas meditativas é preciso ter um eu bem formado."

Uma pessoa que não se formou corretamente pode, inclusive, tomar decisões infiéis aos próprios princípios — se é que desenvolveu a capacidade de entender o que é um princípio. Se a pessoa não formou sua própria personalidade, se não se tornou um ser, um ser real, não a fantasia de si mesma, não terá condições de fazer escolhas adequadas.

Um ser real, que eu retroalimento por meio do que falo, leio, estudo, pratico, é um ser coerente. Mas se não estruturei o meu ser, quando faço meditação — que é o encontro do eu com o próprio eu, o olhar para dentro, o olhar para sua mente em silêncio —, pode nem sempre ser muito agradável, nem sempre muito bonito, ouvir tudo o que pode estar dentro e fora. Quando o eu não está bem estruturado, não há no que se apoiar.

Costumamos dizer hoje que a sociedade é líquida. Essa liquidez, por um lado, é benéfica, porque tudo está realmente se transformando, não há nada fixo. Por outro lado, se não há a estrutura de um eu, há um nada vazio de si mesmo. Não o vazio pleno de significâncias, mas o nada do nada. E fica a pessoa, assim como o youtuber de quem eu falei anteriormente, questionando: "Agora o que eu faço? Tenho tudo que dizem que vai me trazer felicidade, bem-estar, poder. Tenho tudo isso e não tenho nada." Estaria vazio por não ter questionado? Por não haver entrado no processo de questionar sobre o que é a vida-morte?

Capítulo 3

MORAL — MEDITAÇÃO — TRANSFORMAÇÃO

PROFESSOR CLÓVIS: Eu dizia que, quando o termo "ética" surgiu, ele era muito correlato ao de felicidade. E também dizia que, nos dias de hoje, quando me pedem para palestrar, a separação é clara: "O senhor vai falar sobre ética ou sobre felicidade?" O que terá acontecido no meio do caminho? Onde será que desvincularam a ética da felicidade? E aí a gente é obrigado a lembrar que lá no começo da modernidade, com Copérnico, Galileu e Newton, o homem acreditava ter entendido melhor o universo como sendo infinito, sem começo, meio e fim. É um universo sem fronteiras, sem um dentro e sem um fora. E imediatamente infere que, se é infinito, não pode ser ordenado, porque todo ordenamento pressupõe alguma fronteira, alguma finitude. Assim, o universo se torna infinito e desordenado de uma hora para a outra.

Bom, a ideia grega de cosmos cai por terra e, junto com ela, todas as decorrências, tudo o que nela se fundava, tudo o que nela estava amarrado. Na Grécia, o conhecimento era contemplativo. A verdade já era dada na ordem do mundo, bastava descobri-la. Agora não dá mais para ser assim. Não há nenhuma verdade no mundo, há somente descobertas a serem feitas. O conhecimento se torna sintético. Eu pego uma coisa, acho que tem a ver com outra, faço experimentos e concluo que sim ou que não. O cientista agora produz a verdade, que antes ele apenas constatava. No que diz respeito ao belo, então... Para o grego, o belo era tudo o que tinha a ver com o ordenado. Poderíamos dizer que se tratava de uma beleza objetiva. A obra de arte era bela quanto melhor representasse a ordem cósmica, assim como a simetria da arquitetura, os próprios corpos.

Veja que, nesse caso, a figura do artista é irrelevante. A produção artística é representativa de uma referência de beleza que está dada. Assim, a gente podia fazer mil iguais e os mil eram incrivelmente lindos e incrivelmente representativos do cosmos, e não importava se o artista era A, B ou C. Mas nosso problema maior aqui não é nem o conhecimento, nem o belo, é o justo.

Antes eu falei que a justiça era o ajustamento. Agora complicou, não tem mais onde encaixar nada, de tal maneira que tudo desapareceu. Antigamente a resposta para a vida boa estava dada numa certa integração harmônica com a ordem cósmica, sendo que a felicidade nada mais era do que esse ajuste harmônico, que também, além de ser a felicidade, era o grande dever ético. Desapareceu o critério da felicidade e, junto com ele, nossa responsabilidade ética pelo cosmos, simplesmente porque o cosmos não existe. Ou seja, viva você como viver, aja como agir, faça o que fizer, o universo continuará a ser o caos que sempre foi. Não há aí mais nenhuma ordem que se imponha ao homem como de alguma transcendência, como era o caso do cosmos, na verdade instituído por Zeus em sua grande repartição entre os deuses.

Então você me pergunta: "Bom, mas e agora? Se a verdade já não está mais dada no universo, e a beleza e a justiça também não, ficamos com o quê?" Pois é. Pelo menos aquele fundamento cósmico que tínhamos não temos mais, o que exigiu uma espécie de substituição. E a questão é: o que seria incrível o suficiente para entrar no lugar de um ordenamento universal? A resposta: o ser humano.

Com certeza, todos que me conhecem já ouviram falar em humanismo, mas, sem a plena compreensão dessa transição, a palavra fica um pouco esvaziada. Você terá um humanismo no campo das verdades, um humanismo no campo da beleza e um humanismo no campo da moral. O campo das verdades é o novo papel das ciências, em que o cientista é artífice da verdade em vez de um mero contemplador. O cientista, por meio de seus experimentos, é uma espécie de artesão das verdades científicas. O professor Luc Ferry dá um exemplo fabuloso, que é a função glicogênica do fígado no coelho. Algum cientista percebeu que no sangue do coelho havia glicose. Tiraram a cenoura do coelho, mas a glicose ainda estava lá. Tiraram o resto da comida, continuava a glicose. Tiraram a água, continuava a glicose. Vamos matar o coelho, e a glicose no sangue se manteve. Então, é sinal de que a glicose não vem de fora, vem de dentro. Percebeu-se que o fígado do coelho produz glicose. O cientista, para chegar a essa conclusão, foi mexendo em variáveis, juntando fios, produzindo ele mesmo. Vou arrancar o estômago. Vou arrancar o pulmão. Vou arrancar os órgãos sexuais do coelho. Até o momento em que arranco o fígado, agora não tem mais glicose, descobri. Precisei de duzentos coelhos, mas descobri de onde vem a glicose do sangue do coelho.

Isso se chama síntese, porque a síntese é exatamente você juntar um barbante no outro. É você relacionar duas coisas que no mundo não estão relacionadas. É você que as amarra. Quanto à beleza, surge a estética, que vem do grego *aesthesis*, "sensibilidade". O belo agora não é um dado objetivo, porque a referência cósmica desapareceu. O belo agora é o que sensibiliza o observador. Como costuma dizer a sabedoria popular, "a beleza está nos olhos de quem vê". A estética é um pouco mais do que isso, mas de qualquer maneira o real é o que é e será belo se contemplado em função dos afetos despertados em quem contempla.

Agora, a justiça, a moral e a ética, isto é, como devemos agir. Se antes tínhamos que agir de maneira a nos integrarmos ao todo cósmico, com o desaparecimento do todo cósmico ficamos no limbo.

Então, se você acha que hoje vivemos uma crise de valores, crise de valores viveram essas pessoas no século XVII, quando passaram um bom tempo acreditando que faziam parte de uma máquina e alguém chegou e falou: "Não tem máquina nenhuma. Você não é parafuso, porca, pistão." Vamos combinar, é bem confortável. Qual é o sentido da vida? É o seguinte: você é um pistão. Qual é o seu papel no cosmos? É tomar pistonada. E quanta gente terá vivido uma vida de pistão porque foi convencida de que nasceu para ser pistão? Quanta gente terá vivido uma vida de parafuso porque foi convencida de que nasceu para ser parafuso? A partir do momento que não tem mais a máquina, essas pessoas levantam a mão e dizem: "E agora? Quem é o pistão agora?"

Então, você vai assistir à substituição de uma ética cósmica por uma ética humanista, quando o homem livre, soberano, decide o justo e o injusto ele mesmo. Claro, na hora em que ele fizer isso é que você tem o início do distanciamento entre a ética e a felicidade. Se para o pensamento grego eram inseparáveis, para o pensamento moderno são perfeitamente separáveis.

Durante muito tempo fomos convidados a imitar a natureza ou a explorar nossa própria natureza — o vento venta, a maré mareia, o sapo sapeia, o professor Clóvis "cloviseia", a monja "mongeia", vivendo de acordo com nossa natureza. E o homem na modernidade descobre que a natureza pode ser muito malvada. Um acontecimento muito citado pelos pensadores é o terremoto de Lisboa, que simplesmente devastou a cidade. Espera aí, meu amigo, nós estamos imitando esse negócio da natureza, mas a natureza nem sempre joga do nosso lado. Aí você assiste a uma espécie de inversão, porque agora não se trata mais de explorar a natureza em você, mas muitas vezes de inibi-la, de triunfar sobre ela. Entendendo a sua natureza agora pelas suas pulsões, pelos seus apetites, pelas suas inclinações, pelos seus desejos. A relação com a natureza muda completamente, ou seja, antes o tripé natureza-felicidade-ética estava muito consolidado no cosmos. Com o fim do cosmos, agora "é nós, mano". E, quando eu digo "é nós, mano", quero dizer, somos nós a decidir o que é certo e o que é errado, mesmo na contramão das nossas pulsões, dos nossos apetites, dos nossos desejos, porque a natureza humana é tão natureza quanto o terremoto de Lisboa, os tsunamis, as tempestades.

Então, é aqui que você vai assistir ao surgimento do conceito de vontade, porque vontade é pensamento, razão, inteligência. Vontade é aquilo que nos permite transcender os nossos apetites, os nossos desejos. Não dá para entender o que se passou a falar sobre ética na modernidade sem termos muito clara essa distinção poderosa entre desejo e vontade, tão bem explicada por Kant em suas obras. Desejo é a natureza do homem, é o apetite, é a inclinação, é o corpo que fala com suas carências. Vontade é tudo isso crivado pela inteligência, pela razão, pela lucidez. Portanto, a ética conta com a vontade para condicionar a aceitabilidade do desejo, ou seja, para definir no meio de tudo o que são nossas pulsões, aquilo que podemos aceitar e aquilo que não podemos aceitar.

Então, antes de me perguntar "O que é moral?", responda: "O que eu devo fazer?" A moral responde à pergunta: o que eu devo fazer? Agora, a moral existe para me fazer feliz? Não. A moral existe para atender aos meus interesses? Não. A moral existe para me proteger das ameaças da civilização? Não. A moral nada tem a ver com polícia, com tribunais, com egoísmo. São princípios que livremente decidi respeitar. São leis que, como legislador de mim mesmo, decidi respeitar na soberania de minha vida. Olhe só que loucura! Em outras palavras, o bom comportamento de uma pessoa não é exclusivamente definido pelo medo que ela tem de ser punida. O bom comportamento não é determinado pela presença de uma câmera fiscalizadora, de uma tornozeleira eletrônica. O bom comportamento não tem a ver com o crachá eletrônico, com as roletas, com os seguranças, com os elevadores inteligentes e tudo aquilo que nos cerceia. O bom comportamento de uma pessoa pode ter a ver só com ela mesma. É o que chamamos de moral.

Imagine que você tenha assumido um comportamento de exclusividade de práticas de intimidade com alguém com quem você se relaciona. Entendeu o que eu quis dizer? Sexo só com você e você só comigo. Ninguém mandou você assumir nada. Ninguém obrigou, ninguém arrancou sua língua, são coisas que você assumiu e se envolveu em uma relação com essas características. Aí de repente o trabalho manda você para um lugar aonde não vai ninguém, onde não há sinal de celular e ninguém vigia você. E lá aparece uma pessoa... não desprezível em termos de aparência, esteticamente atraente. Então é possível que alguém chegue para você e diga: "Olha, o que a gente faz aqui fica aqui. O que acontece em Vegas fica em Vegas", como se diz. Eu diria que o que acontece em Tumucumaque fica em Tumucumaque, porque não tem mais ninguém além de você e a outra pessoa ali. Não se impressione, não tem por quê. Não tem ninguém aqui, não tem ninguém vigiando, ninguém vai ficar sabendo. Ninguém.

Mas sempre é possível responder: "Tem, sim." Quando não tiver mais ninguém no mundo, ainda haverá eu — e eu me garanto na hora de definir o que acho certo e o que acho errado. Porque, na hora em que o bom comportamento depender exclusivamente da repressão civilizatória, a moral terá desaparecido. Em outras palavras, na autonomia de quem pensa e não admite fazer qualquer coisa.

A moral ganha especial importância toda vez que você se impede de auferir alguma vantagem, ganho, prazer, resultado, meta, e todas essas "patacoadas" que o mundo nos atormenta que temos que perseguir. Por quê? Porque para isso você teria que adotar uma estratégia ou uma conduta que não aceita.

MONJA COEN: Chamamos isso de integridade.

PROFESSOR CLÓVIS: É... É...

MONJA COEN: Pode ser?

PROFESSOR CLÓVIS: Claro que sim, e aqui eu acho que a palavra *integridade* remete àquilo que não foi estilhaçado. E o que não foi estilhaçado? A trajetória. São os princípios de ontem que continuam valendo hoje. O que não foi estilhaçado foi isso, pelas oportunidades. Pelas pulsões, por tudo aquilo que possa nos desequilibrar. Quer dizer, podemos ser legisladores de nós mesmos, e, como toda boa lei, ela é aplicada independentemente das circunstâncias. Em outras palavras, a moral não pode depender da beleza episódica de quem propõe o adultério. Não pode depender do montante de dinheiro a ser auferido ilicitamente. Nem do posto que eu galgaria se agisse dessa ou daquela maneira, porque, se sou legislador de mim mesmo, não interessa muito se são cinco ou cinquenta; o problema está no que você fez para obter, portanto não importa muito se quem pretendia com você uma aproximação física era alguém escultural ou dilacerado. O que está em jogo é o respeito ou não a uma norma de conduta que você livremente decidiu respeitar.

Agir ao sabor dos acontecimentos — ou, como recomenda o pagode, "deixa a vida me levar"; ou, como recomenda o rock, "vou deixar a vida me levar" — é abrir mão de uma âncora moral que não só o deixa à deriva, mas que também condena à instabilidade todos aqueles que com você se relacionam. Então, essa reflexão sobre a moral ajuda a entender sua erosão.

A multiplicação das parafernálias repressoras está de um lado da gangorra, e a moral, do outro. Se a formação moral fosse consistente, a consciência de cada um bastaria para uma sociedade harmônica. A fragilidade da formação moral de todos obriga a sociedade a multiplicar suas forças repressivas. Naturalmente, a multiplicação das forças repressivas implica certa asfixia da moral, a qual podemos não perceber, mas é a destruição de nossa própria liberdade.

Assim, posso definir regras para meu comportamento, e essas regras serão morais quando tiverem o outro e a convivência com o outro como referência. Então, chego a uma constatação interessante. É que o certo a fazer do ponto de vista moral pode ser antagônico ao meu bem-estar, ao que me é conveniente, ao que me é vantajoso, ao que me é prazeroso, ao que me faz feliz.

MONJA COEN: Aparentemente feliz.

PROFESSOR CLÓVIS: Feliz em seu sentido mais pueril.

MONJA COEN: Acho que é Agostinho quem diz: "A liberdade é até fazer aquilo que não quero fazer." É lindo isso!

PROFESSOR CLÓVIS: Sim, claro, porque quando você faz o que deseja é escravo do desejo.

MONJA COEN: É isso aí.

PROFESSOR CLÓVIS: Quando você faz o que não deseja é vitorioso sobre o desejo, portanto vitorioso sobre a própria natureza. É quando a vontade triunfa sobre o desejo.

MONJA COEN: O trabalho meditativo do qual participo é exatamente o de conhecer a si mesmo, de conhecer esses desejos todos, de conhecer a luz e a sombra e de fazer escolhas. E a escolha que você faz o torna responsável por tudo o que desencadeia. Precisa perceber que desencadeia, como você falou, bem-estar ou mal-estar à sua volta. Então, pode ser prazeroso neste momento, mas pode ferir tantas outras pessoas que esse prazer não é prazer. Ele desaparece no processo.

PROFESSOR CLÓVIS: Imagine uma pessoa que nunca tenha meditado, mas que esteja convencida de que a meditação pode ajudá-la. Como é possível tirá-la do mundo em que se encontra, do seu cotidiano, e fazê-la avançar nessa consciência de si mesma? Como é que isso de fato acontece? Você pode explicar?

MONJA COEN: Sim. Nós nos sentamos em silêncio e observamos nossa própria mente.

PROFESSOR CLÓVIS: Em grupo?

MONJA COEN: Em grupo. É um processo que se inicia em grupo, mas tem que continuar na sua vida, diariamente. É como aprender a ler. Quando aprendemos, acabamos lendo tudo, lendo todos os cartazes que estão na rua, mas com o tempo você passa a selecionar o que quer ler. Então, na meditação, aprendemos a ler a nós mesmos, o que estamos sentindo, como estamos respondendo ao mundo. Será que é assim: "Me empurrou, eu empurro de volta"? Não, espera aí, eu não quero empurrar de volta. Para escolher minha resposta ao mundo, tenho que perceber o que sinto e como este mundo me sensibiliza e, para que isso ocorra, tenho que estar atenta a mim mesma. Se estou só prestando atenção no outro e nas coisas à minha volta, não percebo como me relaciono com o que está acontecendo. Mas com a meditação começo a me perceber em relação a tudo o que existe, em relação a mim mesma, aos meus pensamentos, à minha formação, até coisas que vieram de outras gerações e que herdei, passo a questionar se isso eu mantenho ou não, se eu uso ou não.

O que vou constituir é aquilo que quero ser no mundo, mas, de novo, é a tal história: preciso ter princípios. E quem é que cria esses princípios? De onde tirei esses princípios? De onde eles vieram? Como é que faço essas escolhas? Isso depende de cada pessoa.

Nós praticamos o zazen. Zazen é meditação. Sentamos em meditação e começamos a observar. A primeira coisa que a pessoa observa é que ela pensa muito. A mente fala muito, não para. Sempre comento: "Que bom, porque não queremos morte encefálica." Pelo contrário, desejamos perceber a agitação da mente. A agitação da mente é como a entrada no mar. Há marolas, mas o mar não é feito só de marolas. Se não atravessar esse primeiro umbral, você não vai a lugar nenhum.

Então, não se preocupe com os pensamentos. Deixe que eles fluam e dê atenção ao que mais existe. De onde surge um pensamento? O que vem antes do pensar? Entre um pensamento e outro há pequenos espaços? Como na música, há pequenos espaços. Observe o espaço, a pausa, e você vai perceber que as pausas são bem interessantes e que constituem tudo isso que é o seu pensamento e não só o pensar em si. E você vai começar a escolher o que pensar e como pensar. E assim podemos dialogar com as pessoas, com nossos filósofos, aqueles que nos inspiram dentro da nossa prática.

Portanto, não é só meditar sozinho, porque a pessoa pode entrar em um viés completamente errado. Por isso falamos: a meditação é feita em grupo e precisa de alguém que oriente, porque nossa mente é maravilhosamente intrincada, complexa e enganosa. Buda dizia assim: "A mente deve ser mais temida que cobras venenosas e assaltantes vingadores." A própria mente pode afirmar que está fazendo uma coisa com uma intenção belíssima. Talvez Hitler tenha pensado: "Eu quero salvar a humanidade e só vão sobrar os bons, os que eu chamo de bons. Tenho uma ótima intenção." Mas é péssimo o resultado.

Portanto, como percebo minha mente? Como percebo esses meus impulsos e como sou capaz de verificar se são adequados ou não àquilo que seja benéfico para o maior número de seres, não só humanos, mas tudo o que existe? Será que sou capaz de avaliar isso sozinha? Quem são meus referenciais? É preciso procurar os referenciais. Como você tem os seus em Platão, em Kant, em Aristóteles, nós procuramos referenciais que possam nos guiar. Será que estou indo para o caminho certo ou minha mente está me enganando de novo?

Nossa prática inclui a leitura de textos que nos tiram da maneira comum de pensar. Eu, pessoalmente, considero o mestre Dogen Zenji (1200-1253) fascinante. Ele conduz, orienta, mostra uma forma de pensar: "Concordou? Entendeu? Está bom, não é? E agora, o que ficou? Há outra forma de pensar. Entendeu esta? Compreendeu? Mas também não precisa ser dessa forma. Qual é sua forma de pensar?"

O que é o pensar? Como se pode ensinar seres humanos a pensar? Não só a repetir pensamentos, mas criar formas de pensar, criar novas estruturas de relacionamento. Como é que esses seres pensavam? Quem eram esses homens e mulheres no passado que sentavam e ficavam lá, aparentemente sem fazer nada, apenas pensando? Para que serve pensar senão para que a gente possa apreciar a vida? Viver com plenitude, com excelência. Criar princípios que vão me fazer ter orgulho de mim mesma. "Olhe como estou fazendo aquilo que me comprometi a fazer e consegui."

É difícil. Fazemos retiros de longas horas de zazen — meditação sentada. O retiro é onde a mudança pode acontecer com mais força e visibilidade. Às vezes meditamos dezesseis horas seguidas por dia, andando, sentados, de pé. E o que acontece? O corpo dói. Algumas pessoas desistem: "Está doendo, eu não quero que doa." Ao contrário, eu quero que doa, é para doer. Qual o problema com a dor? A dor existe. Onde começa? Onde acaba? Tem cor? É quente? É fria? Você aguenta? Se aguenta, você passa esse umbral. Esse é um dos umbrais.

Quando Buda decidiu meditar — ele já tinha feito várias outras práticas —, sentou-se por sete dias e sete noites ininterruptas. Surgiram então as quatro grandes tentações.

A primeira foi sobre as pessoas que ele amava: "Como estará meu filho? E meu pai?" Ele abandonara tudo. Buda era o príncipe herdeiro e fugira do castelo à procura de conhecimento sobre si mesmo e o mundo. Entretanto, permaneceu sentado e disse a si mesmo: "Eu não me levantarei enquanto não encontrar a resposta."

Em seguida, a segunda tentação: prazeres sensoriais. Por que estar no meio da floresta, sentado no chão, com insetos, fome e sede? Por que não ir atrás daquilo que é agradável aos sentidos, que é prazeroso, como poltronas macias, mulheres sedutoras? Imaginou provocações sexuais — mulheres lindas dançando a dança do ventre e o tocando. Ele disse: "Não vou, não saio daqui enquanto não encontrar a resposta."

Terceira tentação: as energias prejudiciais, a turma da inveja, a raiva, o rancor. Ele permaneceu imóvel, protegido por sua determinação, e tudo se dispersou como nas duas vezes anteriores.

Finalmente, o rei dos demônios veio visitá-lo. O diabo chefe — palavra que em sua origem significa aquilo que é dual, que divide e separa — aproximou-se e disse: "Você é o máximo. Você agora é o iluminado, é o sábio dos sábios." Buda não se deixou enganar. Colocou uma das mãos no chão e respondeu: "A terra é minha testemunha." Ele venceu o orgulho.

A última tentação que nós, humanos, no processo de autoconhecimento precisamos ultrapassar é o orgulho. O orgulho nos separa, impede a compaixão, o perceber-se semelhante a outros seres. Buda, ao apontar para a terra, anuncia: "Não, sou húmus, terra, humildade. A terra é minha testemunha. Não sou mais do que ninguém." Nesse momento ele se liberta de todas as dualidades, penetra no uno, a grande experiência mística comum a todos os sábios. Ao ver a estrela da manhã, proclama: "Eu, a grande terra e todos os seres juntos nos tornamos o caminho." Percebe que nunca esteve sozinho, isolado, mas que tudo e todos estão sempre interligados e interconectados.

Surge então outro aspecto interessante. Quando falamos que tudo é o caminho, incluímos mesmo aqueles que são muito impróprios. Eles também são a manifestação desse caminho. Há também aqueles que escolhemos seguir e aqueles que não seguimos. Todos são a manifestação do caminho, da verdade, da realidade. Quando escolhemos ser de uma maneira, observamos o que acontece se formos dessa maneira, quais as causas, as condições e os efeitos dessa nossa manifestação no mundo. É nossa escolha. Podemos ser presos, pegos, escorraçados. Podemos ser elogiados, ganhar um prêmio, uma promoção. Tudo o que ganharmos poderá nos fazer perder ou poderá nos levar a escolher outro caminho. Esse outro caminho é o da satisfação interior. Independentemente de ganhar alguma coisa, obter ou não a medalha, o título, o dinheiro, você encontra imensa satisfação ao procurar meios didáticos, meios expedientes para explicar o caminho. Nada se compara a essa alegria. São escolhas que todos nós podemos fazer, em qualquer profissão ou atividade.

Veja, por exemplo, o caso dos borracheiros. Quando não há mais pneus a serem consertados como antigamente, ainda há rodas que precisam ser trocadas, e algumas vezes pregos a serem retirados dos pneus. E você pode ser excelente fazendo isso. Pode apreciar sua arte, sua habilidade, e pode transmitir a outros. Apreciar o que faz. Gostar de viver. Sentir prazer na existência, mesmo que tudo não seja tal qual imaginamos. A realidade é como é. Esse *é como é*, de certa forma, é perfeito sendo assim como é. Se eu for capaz de percebê-lo, serei capaz de apreciar a minha vida, de reclamar menos e fazer mais.

A mudança acontece quando a pessoa acorda. E o que eu quero dizer com acordar ou despertar? É perceber que você é o caminho e que tudo o que você toca, vê, é o caminho. Você não precisa apagar, exterminar, e sim perceber. E como você faz isso? Como você realiza isso de forma adequada para que seja benéfico para o maior número de pessoas? Meu lema de vida é: "Acorde, gente! Desperte, viva, aprecie sua vida! Ela é linda nas coisas pequenas e nas coisas grandes também."

Você quer ter um carro. Legal! Tenha o carro, aprecie o carro. Que gostoso andar de carro! Mas não deseje o carro do outro. Você poderá ter o outro também, mas, no momento, aprecie o que já tem, que é sua vida, que é este momento, e ele está passando, está correndo. E não adianta você querer apressar ou querer que seja prolongado: o tempo não se prolonga. Tudo está em transformação incessante. E nós somos essa transformação, nós agimos. O que você faz, fala, pensa, reflete em tudo. Perceber isso é meditação. E não é uma coisa que se percebe em dois minutos de meditação.

Cada um de nós é único e está em momentos diferentes de compreensão e questionamento. Há infinitas possibilidades. Cada um de nós está em um nível diferente de capacidade de percepção, de interesse, de questionamento. Há pessoas que meditam alguns dias por semana ou participam de alguns retiros e falam: "Nossa! Que bom! Mudou a minha vida. Estou olhando o mundo diferente. As pessoas à minha volta dizem que estou diferente." Minha superiora no mosteiro feminino de Nagoia dizia: "É como entrar em uma nuvem.

Você não percebe que está ficando com a roupa molhada." Quando sai, percebe. Porque você está dentro do que está fazendo, e o resultado não é exatamente: "Olha, eu meditei, virei outra pessoa." Não é isso. Na verdade, você vai virar você. Você vai ser você, quem você é, o que você é, o que está escolhendo ser. Meu pai escolheu isso, meu avô escolheu aquilo. O que você escolheu? Perceba que nisso tudo existe o "euzinho", o ego querendo controlar tudo. O ego deve servir. O eu pode decidir. No entanto, você não é nem o controlador, nem a vítima, mas um ser humano com incríveis possibilidades, um potencial maravilhoso.

Usamos técnicas, métodos de autoconhecimento. As técnicas e os métodos se tornam o autoconhecimento em si. Perceba: você é um ser humano, portanto, é como é — não como gostaria de ser. É como é. Agora, o que você faz com você sendo como é? Perceba que não há nada fixo, nada permanente. Você está em transformação. Como está se transformando? Em que direção? Isso dependerá de com o que você quer se alimentar, de quais livros vai ler, a quais programas de TV vai assistir, que conversas vai ter. Isso vai alimentar você.

Quanto mais estimular as sinapses que você mesmo escolheu estimular, mais sentirá prazer na existência. Quanto mais você estimular as sinapses neurais à procura da verdade, da realidade, do caminho — nós humanos gostamos de aprender, de conhecer, de questionar —, mais prazer sentirá em estar vivo. Entretanto, algumas pessoas tentam nos distrair: "Ah, não fique falando sobre esses assuntos complicados. Vamos brincar, vamos beber, vamos fazer outra coisa, vamos contar piada." Quanto mais você se permitir questionar, quanto mais se permitir querer conhecer, mais abençoado se sentirá. A alegria, o contentamento, a felicidade estão no próprio processo de autoconhecimento. Não apenas quando eu me conhecer, mas quando começo a me conhecer, quando me proponho a essa busca, eu me deslumbro.

Tenho um aluno, um senhor já de certa idade, que, no início da prática, disse: "Monja, eu estou mudando. Estou mudando em casa com a minha família, com a minha mãe. Eu não falava com a minha mãe. E fui visitá-la. Minha mãe disse: 'O que é isso, meu filho? Está tudo bem?' De repente fiquei muito terno com as pessoas."

Embora seja uma ótima experiência, como tudo na vida, passa. A fase inicial do deslumbramento passa, assim como as fases do amor, do romance. Você se apaixona pela meditação, pelo zen, mas, de repente, fica monótono. Agora não sinto mais aquelas coisas que eu sentia no início da prática. Descobria algo novo a cada instante, mas agora não estou descobrindo tanto. A essas pessoas, eu digo: "A vida é isto. O primeiro beijo é uma coisa. O décimo, o milésimo beijo, não é igual ao primeiro, mas ainda é prazeroso." Perceba que é um processo, e o nosso processo de espiritualidade, de desenvolvimento mental, tem plataformas. Primeiro, há o descobrimento, um prazer incrível, depois outra plataforma. Mas não devemos parar nessa plataforma; é preciso ir adiante.

Há uma história de plataforma de que eu gosto muito. Um monge japonês foi para Nova York na década de 1930, e perguntavam muito para ele sobre o que era o zen. Ele explicava: "Imagine que uma pessoa quer chegar ao fim do mundo. Então ela caminha, sobe e desce montanhas, vai a todos os lugares e, depois de muito andar, chega a um lugar cheio de pessoas. Uma placa indica: 'Isto aqui é o fim. Tudo o que possa ser pensamento lógico, tudo o que possa ter sido construído pela mente, termina aqui, não há mais nada.'" E ele acrescentava: "Você olha e o que há? O nada."

É onde o zen penetra: no grande vazio, o nada-tudo. É aqui que o praticante zen se atira. É onde nós saltamos, onde a palavra não alcança, o conceito não alcança. Você entra em contato com aquilo que é anterior ou posterior ao pensar, que está além do pensar ou não pensar. Não é não pensar. As pessoas criam essa ideia: meditar então é parar de pensar? Não. Você observa que existe o pensamento, e também existem pausas, e ambos são preciosos.

Tudo é o caminho: os bons e os maus, o certo e o errado, o moral e o imoral. Tudo faz parte dessa coisa imensa, grandiosa, que é você, que é sua mente. Você conhece para poder selecionar, escolher, desenvolver ou apagar. Da mesma maneira que aprendemos a usar um computador. Quando peguei o mouse pela primeira vez, ele ia para todos os lados. Precisei da ajuda de minha neta para me ensinar. É a mesma coisa: começamos a meditar, a desenvolver a capacidade de observação de nós mesmos, mas a mente vagueia para todos os lados. Precisamos começar a direcioná-la, assim como o mouse do computador para algum ícone. É importante questionar-se: O que você quer ver ou saber? O que quer entender? Qual é a sua pergunta? Qual é a pergunta da sua vida? E corra atrás dela, não desista dessa pergunta. Não a deixe morrer. Procure, procure referências, tanto do passado quanto do futuro. Afinal, o tempo é circular, e nós somos o tempo.

Isto é um princípio do budismo: não há nada fixo, nada permanente. Tudo está em constante transformação, e nós somos essa transformação.

Não adianta dizer que você se agarra a um princípio mas este o prende, o afoga. Os princípios que criamos não são amarras. Não podem ser algemas que nos travam, nos impedem de ser, de agir, e sim algo que mostra uma direção, um rumo, como a estrela do norte no céu. Tenho bússolas, e a bússola está em movimento o tempo todo. Não fica parada. Não está grudada em algum lugar. Aonde eu vou, ela vai comigo. Esses princípios são flexíveis como a vida, e eu tenho a capacidade de saber adequar-me à realidade.

No budismo há duas vertentes principais: *hinayana* e *mahayana*. *Yana* quer dizer "veículo". O *hinayana* pode até ser mal compreendido, visto que *hina* quer dizer pequeno, enquanto *maha* quer dizer grande. Quando houve uma cisão entre os discípulos de Buda, o grupo menor foi chamado de *hinayana*, e o grupo com maior número de adeptos, de *mahayana*. Entretanto, historicamente houve quem usasse o termo "*hinayana*" para insultar esse grupo dizendo que pensavam pequeno. E que os *mahayanas* pensavam de forma mais ampla. As duas vertentes se espalharam pelo sul (*hinayana*) e norte (*mahayana*) da Ásia. Hoje, das dezoito escolas *hinayanas*, há poucas ainda sendo praticadas. O grupo principal se chama *theravada* — o caminho dos antigos. Na tradição *mahayana* também há inúmeras escolas. E ainda há o grupo chamado de *vajrayana* — "veículo do diamante" (*vajra*) —, desenvolvido pelos grupos tibetanos.

Há diferenças, claro, entre as várias vertentes. A tradição *mahayana* aponta que precisamos conhecer, estudar e praticar os ensinamentos de Buda, mas que devemos compreender as situações atuais e desenvolver a capacidade de não nos aprisionarmos a regras formais. Devemos compreender que alguns ensinamentos eram adequados nas circunstâncias da época em que foram pronunciados e que agora precisamos entender seu princípio fundamental para aplicá-los em nossa vida diária do mundo atual.

O ideal da tradição *mahayana* é que nos tornemos bodhisattvas — seres iluminados que se dedicam a fazer o máximo possível de seres se libertar das amarras da ignorância e adentrar a mente buda. Um bodhisattva pode até mesmo renunciar a um estado superior de tranquilidade para se misturar a todos os seres e os elevar à sabedoria perfeita. Na tradição *hinayana*, o ideal é o aracá, ou arhat, que se dedica primeiro a penetrar no estado de sabedoria para então auxiliar outros seres. Isso de forma muito geral, pois, claro, tanto na tradição *mahayana* quanto na *hinayana* o propósito de nossas práticas é fazer com que todos os seres despertem e vivam em harmonia.

Após a morte de Xaquiamuni Buda — costumamos dizer que ele entrou em parinirvana, o Grande Nirvana final, e nunca usamos a expressão "ele morreu" —, houve então a primeira cisão na comunidade de discípulos.

O grupo menor considerava importante que nada fosse alterado e que os ensinamentos fossem seguidos ao pé da letra. Deveriam todos fazer exatamente como Buda havia falado.

O grupo maior, ao qual o zen-budismo pertence, considerava necessário ter uma visão mais ampla dos ensinamentos e saber aplicá-los de acordo com as necessidades de cada momento histórico.

Hinayana, o grupo menor, até hoje define o essencial como amor e compaixão.

Mahayana, o grupo maior, considera sabedoria e compaixão como o par inseparável.

Quando falamos sobre fidelidade a uma tradição, não se trata de uma fidelidade que trava, que impede o desenvolvimento completo de um ser humano. Não é apenas seguir princípios fechados dos quais não abrimos mão de jeito nenhum.

Há um comentário feito pelos *mahayanas* — a minha ordem pertence a esse grupo — que diz: "Manter os preceitos da maneira *hinayana* é quebrar os preceitos do ponto de vista *mahayana*." Ou seja, há grupos que não tocam em dinheiro de forma alguma, pois Buda teria dito para não se apegarem a coisas materiais, por exemplo. Isso impede os monges e as monjas de viajarem, de fazerem qualquer tipo de compra. Já a tradição *mahayana* considera importante o não apego no uso do dinheiro, portanto, tocar moedas e notas não é considerado uma falta. O foco é compreender o sentido mais profundo do que Buda ensinava naquele momento e aprender a usar o princípio essencial no dia a dia.

Como interpretamos, por exemplo, o preceito de "não matar"? Não vamos matar nada, nenhum ser? Quando bebo água, estou matando a água, porque ela está se tornando meu corpo, deixa de ser o líquido que corria no rio, na fonte, livremente. Há quem diga: "Não como carne porque respeito os animais", mas, quando come alface, que é uma forma de vida arrancada e triturada, também não está matando? Vivemos todos de outras formas de vida. Podemos fazer escolhas de dieta quando temos alimento suficiente para escolher. Há quem não tenha escolha. Podemos ter pensamentos ecológicos sobre a produção de carnes ou cereais, então encontramos algum sentido em nossas escolhas sobre a espécie da qual vamos nos alimentar.

Se você seguir ao pé da letra o "não matar", talvez nem consiga sobreviver. Há alguns grupos que se comprometem a não matar nenhuma forma de vida. São apenas coletores. Comem apenas o que caiu das árvores. Nem mesmo tiram os frutos dos galhos ou os cereais das plantações. Será que assim não estão matando? Esses coletores, que não plantam, não colhem, não criam animais... Será que não estão matando essas formas de vida que coletam, que poderiam gerar outras vidas semelhantes?

Na tradição zen-budista há monges e monjas veganos, vegetarianos, bem como monges e monjas que comem o que lhes é oferecido, sem distinguir uma forma de vida de outra.

Alguns alimentos, como as carnes de peixes ou outros animais, podem ser ingeridos como remédio. Mas todos os alimentos devem ser ingeridos para que possamos praticar melhor os ensinamentos, as meditações, as liturgias e o desenvolvimento da mente.

Na explicação de meus mestres, "não matar" se refere a não matar buda, não matar a mente que compreende com clareza e toma decisões adequadas. Não destruir a mente iluminada — essa é uma das interpretações de "não matar". Seu afirmativo é "dar vida". Dar vida a buda em sua própria vida.

A fidelidade, no que diz respeito à sexualidade, indica um compromisso que pessoas envolvidas em um relacionamento íntimo fazem. Há relacionamentos abertos, onde é admissível o envolvimento com outras pessoas, e há relacionamentos fechados, onde é inadmissível. Há casos até de violência e assassinatos pela chamada "traição". Sempre me questiono sobre comportamentos violentos. Pode ocorrer que, para ser fiel à própria sexualidade, alguém tenha de romper o compromisso de não se envolver com outras pessoas. Esse rompimento temporário poderia até mesmo trazer mais luz ao compromisso anterior, reavaliando o relacionamento, ou pode causar o rompimento. Ser infiel ao compromisso feito com seu companheiro ou sua companheira, mas fiel aos seus impulsos, desejos, sentimentos. Isso não é tão simples. A alegria de um novo amor, de um novo estímulo, pode ser prazerosa para uma pessoa e muito danosa para várias outras. É preciso ponderar. Quando nos comprometemos com alguém, não tomamos mais decisões individuais. Sempre devemos levar em conta o compromisso. Mas, quando se torna uma obrigação tediosa, quem sabe a procura de um novo afeto possa ser benéfica para ambos? A pergunta fica: O que é ser fiel? Fiel a quem? A valores e princípios ou ao que aparenta ser bom? Quantas pessoas buscam relacionamentos fora do casamento, sempre dizendo a seus novos amores que o casamento terminou, mas que precisam permanecer por pena, por questões financeiras, pela família? A maioria nunca se separa. Estão sendo fiéis se não mantiverem relações sexuais fora do casamento? Ou fantasiam outra pessoa durante a relação sexual — isso é fidelidade? Sou fiel a mim mesmo. Os princípios e as escolhas que nos regem são incessantes. Mas queremos um manual, queremos que alguém diga: "Isso pode, isso não pode." Até temos esses manuais, mas, se não forem flexíveis de acordo com a realidade do instante, estaremos quebrando o preceito.

Não roubar, não matar... Como é que você pode roubar alguma coisa se nada pertence ao ser? Nada pertence ao ser. Nada pertence a nada, a ninguém. Então, não existe roubo, mas, por outro lado, existe, no sentido relativo. Por isso, precisamos saber adequar esses princípios. É importante poder mudar de opinião. Nossa! Quantas vezes eu mudei! Alegro--me por mudar de opinião. Alegro-me que alguém tenha uma ideia diferente da minha, porque posso ter duas ideias. Posso pensar de novo, e isso é muito mais estimulante do que dizer: "Eu penso assim, ninguém me muda, porque eu só penso assim." Isso endureceu, isso morreu. Isso está contaminado, já está cristalizado. Não queremos que as pessoas se cristalizem nos seus princípios. Aqueles princípios que servem para tudo... como os fariseus: "Eu sou assim, só faço assim." Não é isso.

Perguntavam a Buda: "Por que então o senhor fala para fazer o bem, o bem a todos? O que isso quer dizer?" Quer dizer poder beneficiar o maior número de pessoas possível. Se você age com a intenção de beneficiar-se apenas, visando aos prazeres momentâneos, decerto isso não é tão bom assim.

Então, não se trata apenas de se manter firme nos princípios: há outras coisas que nos norteiam. Por isso que gosto da ideia da bússola, porque ela dá o norte, a direção aonde quero ir. Isso é outra coisa de que falamos muito no budismo. Se você quer ir para o norte, não vire seu carro para o sul. Eu quero ir para o norte, mas faço um esforço danado indo para o sul. O que é esforço correto? E, por outro lado, o que é mudar de opinião? Se, por exemplo, tenho um ponto de vista nesta sala, de onde estou sentada, e você, vendo a sala de outro ângulo, tem outro ponto de vista, podemos brigar, porque eu vou dizer: "Na minha frente há flores muito bonitas." E você diz: "Não há flores." Eu insisto: "Sim, há flores." E você: "Não há flores." Mas de repente vou para o seu lado e vejo que não há flores, ou você vem para o meu e per-

105

cebe: "Puxa, há flores, que interessante! Eu não havia visto." Nós podemos ampliar nossa capacidade de visão e de percepção.

Não posso me fechar e dizer: "A verdade está em mim. Eu sei, eu encontrei, e meus princípios são esses, eu não abro mão de jeito nenhum." O mais verdadeiro é concluir: "Não sei... Eu não sei. Eu me proponho a... Não sei o que eu faria numa situação de emergência."

Uma vez o reverendo monge, professor doutor Ricardo Mario Gonçalves, hoje aposentado, um dos budistas pioneiros no Brasil, catedrático de História na USP, comentou sobre a pena de morte: "Não, eu nunca mataria alguém. A pessoa pode até me atacar, talvez eu até não reagisse e me deixasse ser morto, mas, se fosse com a minha mulher, eu não sei o que faria." Há alguém no mundo pelo qual sou capaz de fazer qualquer coisa, as coisas mais impensadas. Portanto, posso ter um princípio, posso reger minha vida numa determinada direção, mas também posso mudar de ideia, de atitude, dependendo das circunstâncias. Isso seria errado?

Posso ter a visão modificada, diferente da que tinha antes. Posso mudar de partido político, escolher outro time de futebol (isso é mais difícil). Veja que interessante: hoje os jogadores de futebol mudam de camisa, mudam de time com muita facilidade. E os torcedores se matam pelo time do coração. Será que não percebem que um time não pode jogar sem o outro? Que o jogador que era o herói do seu time agora está na Europa, por exemplo, e você não o vê mais? Depois volta e vai para o time adversário ao seu. Como você fica? Porque, se eu vejo que os jogadores, hoje, pulam de um time para o outro, como é que eu estou lutando por uma camisa? Por que eles não lutam mais? Está ocorrendo uma mudança muito grande no mundo, na vida, em tudo.

Não sou fiel à fidelidade. Não estou prisioneira e não fico endurecida. Pelo contrário, tenho certos princípios que norteiam a minha vida e os aplico de forma adequada. Para mim, iluminação e sabedoria são isso. Como é que eu aplico de forma adequada os preceitos, os valores, os princípios? De novo, cuidado com a mente, que é enganosa. Cuidado com a mente, que poderá pensar: "Você está fazendo isso para o bem de todos os seres", enquanto não está. Por isso essa atenção de perceber o movimento mental: posso enganar a mim mesma mascarando algo que considero benéfico para mim neste momento, dizendo que é bom para todos. Observar a mim mesma, conhecer a mim mesma, visa principalmente não ser enganada por mim mesma. Não é só para não ser ofendida pelos outros, mas para não me ofender, para saber quem eu sou.

Como você quer viver? Quais princípios escolhe? Não há nada certo nem nada errado. É como é. Nossos instintos, todos são como são. Agora, como eu os uso? Como é que eu aplico? Vai ser saudável? Sou muito comilona, sou gordinha, não é? Mas há certas coisas que não posso comer, porque vão me deixar com dor. Mas pode ser delicioso, eu quero comer. Que gostoso! Eu vou comer, vou comer. Ah... Aí eu sei que vou ficar com dor, e decido comer mesmo assim? É burrice, eu percebi. Fiz, não foi benéfico, não vou fazer de novo. Assim temos a capacidade de mudar de opinião, de transformar, de corrigir nossos erros.

Estive num encontro de professores muito bonito no Paraná. Um professor que viera de Portugal deu este exemplo:

se você for fazer uma compra, haverá uma troca. Você pode dar dinheiro, e eu, um objeto. Você ficará com uma coisa, e eu, com outra. Mas, se eu der uma ideia e você tiver uma ideia diferente, teremos duas ideias. Você ficou rica e eu também. Nós nos enriquecemos com ideias. Então, mudou de ideia? Sim, mudei, porque eu não tinha percebido, não tinha pensado dessa forma. O professor Clóvis é um transformador de ideias, muda nossa maneira de ser e pensar o mundo. Isso é importantíssimo. Poderia estar mudando para um lugar que não fosse benéfico, para nos tornarmos todos bandidos, assaltantes, vingadores, mas não: ele muda nosso olhar para a realidade, muda nossa maneira de ser e de pensar. Nós permitimos, gostamos e agradecemos. Ficamos bem alegres porque isso nos transforma para melhor.

Mudei de ideia. Mudar de ideia não é feio. Não é uma mudança para uma forma maléfica de ser e de pensar. Não queremos pessoas que apenas nos sigam. Usando uma expressão de meu pai: "Não seja maria vai com as outras." Devo fazer apenas porque o outro está fazendo? Se estão todos se atirando no abismo, eu vou me atirar também? Não. Eu vou escolher. Precisamos ter essa capacidade de discernimento correto. Isso é o que deve ser desenvolvido nos seres humanos, desde os bebezinhos, não só os adultos. Por isso, acho importante outra coisa: que o salário de professores de nível fundamental seja muito mais elevado. Estão formando seres humanos. Estão formando maneiras de pensar, de enxergar a realidade. E a meditação tem sido usada em muitas escolas, não só as budistas.

Aprenda a sentir o que você está sentindo. Sente-se na cadeira, na sua carteira, onde você estiver, e respire. É como fumar o cigarro de maconha sem maconha. Respire... O que você está sentindo? "Estou com raiva desse cara. Meu pai bebe, é um chato, briga com minha mãe." O que você está sentindo? Respire... O que você pode fazer para mudar isso? Como você pode ajudar?

Uma vez uma garota de 16 anos veio falar comigo. O pai dela estava fazendo um inferno em casa: falava mal da mãe, da mãe da mãe, da tia, da família, estava bravo com elas. Eu comentei: "Bom, converse com ele." "Conversar com meu pai? Não, não dá", respondeu ela. "Você pode, sim. Fale com seu pai. Pergunte a ele o que está acontecendo. Ele está indo mal nos negócios? Ele tem uma namorada? Está interessado em outra pessoa? A de casa ficou feia? O que foi? O que está acontecendo? Converse com ele. Faça-o ver o que está acontecendo." Ela conversou. A gente se encontrou no mês seguinte, e ela estava toda alegrinha. "Pois é, papai mudou." Ele não se dava conta do que estava fazendo. Eu não sei as razões dele, nem me interessam. Para mim interessa que tenha havido uma mudança de comportamento. Ele não estava bem e passou a ficar bravo com a mulher, com a família da mulher, "porque ninguém prestava naquela família", era o que dizia. E a filha estava muito dolorida, porque era sua família, sua tia, sua avó — pessoas de quem ela gostava muito, e também era seu pai, de quem ela gostava. Foi necessário que ela falasse, foi preciso que ela o fizesse perceber. Apenas quando percebe é que a pessoa pode mudar, e mudar de atitude nesse momento é importantíssimo. Mudar a maneira de ser no mundo. Deixar de ser agressivo, violento, rude, para se tornar um ser mais compreensivo, gentil e reflexivo.

Pedagogicamente, usamos métodos que dependem de para quem estamos falando, não é? Como é que um professor chama a atenção de um aluno que está dormindo na sala de aula? É preciso acordá-lo. Noutra circunstância a maneira de falar muda, mas o princípio é o mesmo. O fundamental é nos perguntarmos: como estou educando? Estou acessando essas pessoas? Como provoco um ser humano para despertar? Para ser o ser humano que ele pode ser? E, às vezes, o que falamos pode parecer contraditório.

Uma vez perguntaram ao meu professor: "O senhor acredita em Deus?" Ele respondeu: "Não." Insistiram: "Mas o senhor não acredita mesmo em Deus?" Ele falou: "Acredito." Ao que o outro retrucou: "O senhor tem que decidir. O senhor acredita ou não acredita?" Ele respondeu: "Que diferença faz?" Às vezes, queremos impor aos outros nossa maneira de ser, de pensar, de agir, de falar. A ideia é não impor algo aos outros, mas deixar que cada um se manifeste no melhor da sua qualidade. Não no que seja minha ideia de melhor qualidade, mas naquilo que aquele ser humano pode produzir de melhor. São causas e condições, da mesma maneira como você cuida de uma planta. Ela precisa de luz do sol. Precisa de água, mas, se houver água demais, afoga. Se houver sol demais, queima. Então, como é que você mede o que é adequado? Isso para mim é sabedoria, é capacidade de inteligência e adequação à realidade. E não adequação a um princípio que pode me travar. O princípio está por trás disso, mas ele não me limita, tanto que eu posso mudar de ideia e posso até ser infiel, algumas vezes, a algo que não estava sendo benéfico. Mas não sou infiel a mim.

PROFESSOR CLÓVIS: Não é? Nietzsche tem uma reflexão muito conhecida como "eterno retorno", e essa reflexão, tal como a ética para Aristóteles, também pretende atribuir valor à vida. Só que aqui tem uma diferença muito grande, porque Aristóteles contava com uma referência: o cosmos. A régua da vida estava pronta. A régua já existia quando as pessoas iam nascendo. A gente costuma dizer que "transcendia". Com o desaparecimento do cosmos, você pode julgar a vida criando outra referência. Como um Deus, por exemplo, que dá nota para seus fiéis. Então, você trocou uma transcendência pela outra. No lugar de um todo ordenado, cósmico e organizado, uma figura transcendente, criadora e com todas as suas potências. A proposta de Nietzsche é você fazer uma avaliação da vida usando como régua a própria vida. É o que a gente chama de imanência. Você não pega alguma coisa fora de você para se medir; e sim alguma coisa dentro de você. Acho que ficou mais claro agora. E ele diz assim: "Viva de tal maneira a desejar a eternidade de cada instante vivido." Não há dúvida, porque aqui não tem cosmos, não tem Deus, não tem Dez Mandamentos, não tem nada, porque a régua da vida daquele instante está na pretensão de que aquele instante dure mais do que vai durar.

Isso sempre me intrigou, porque, de fato, quando o instante de vida é bom, você não quer que ele acabe. Doce de leite, por exemplo. Meus colegas professores da Universidade Federal de Viçosa me mandam doce de leite de lá. É marrom. Então, como o doce de leite é maravilhoso, eu não quero que a lata acabe. Aí Nietzsche vem e diz: "Está vendo? Você está usando a vida para medir a vida." Não está dizendo assim: "Olhe, Zeus gostava de doce de leite."

Então, se você gosta de doce de leite, ponto para você. Se não gosta, ponto negativo. Não, você não quer que a lata acabe, então a degustação é uma vida boa. Podíamos pegar outro exemplo: você está em um bar na rua Aspicuelta, e aí o que acontece? A pessoa com quem você está conversando diz: "Vou embora." E você reclama: "Puxa! É domingo, fica mais um pouco." Isso é indicativo de que você quer continuar conversando ou de que a conversa é boa. Se a conversa é boa, a vida na conversa é boa também, e você não quer que a pessoa vá embora.

Recentemente reprisaram *Tieta*, a novela inspirada na obra de Jorge Amado de mesmo nome, *Tieta do Agreste*. Em *Tieta* você tinha Betty Faria, Reginaldo Faria, Lídia Brondi, Lília Cabral, Armando Bógus, Ary Fontoura, José Mayer, Paulo Betti, Roberto Bonfim, e eu comecei a assistir à reprise. Antes de acabar, eu olhava o capítulo em que estava e indagava: "Quantos capítulos será que tem?" Porque eu estava antecipando o fim e não queria que acabasse, não podia acabar. Minha mulher deu um jeito e comprou em DVD. "Para você assistir *Tieta* sempre que quiser." Aí, sou obrigado a constatar que, mesmo que você não queira que acabe, vai acabar. É aí que você tem uma questão de imanência mesmo. Eu queria que durasse mais. Portanto, se eu queria que durasse mais, é porque a vida era boa.

Isso entra em contraste com o que vejo no mundo, em especial no mundo do trabalho. As pessoas esperam que acabe. Poderíamos dizer que o que propõe Nietzsche é o contrário do happy hour. É você viver a segunda-feira e não querer que a segunda-feira acabe de tão incrível que ela foi. Você poderia, eventualmente, dizer que, no fim das contas, já que tudo acaba, o que você poderia era querer repetir. Ah, mas não vai ser igual. Não importa, você quis repetir. E o caso daquele aluno que meio-dia, depois de quatro horas de aula, disse: "Posso vir à noite assistir de novo?" Aí eu disse: "Pode", e ele virou para mim e falou: "Posso trazer a minha mãe?" E quando ele falou isso, ele me acrescentou uma coisa. Quer dizer, no fim das contas, quando é que, de verdade, eu quero que aquilo dure? Quando há algum tipo de compartilhamento — em especial com pessoas que amamos. Um instante de vida que quero continuar compartilhando com você, que eu amo, talvez seja uma definição de felicidade que me agrada muito. Um instante de vida que eu quero continuar compartilhando com as pessoas que eu amo, como com a Natália, minha filha. E naturalmente eu não vou criar problemas. O que eu queria era que ela não fosse embora nunca.

Então, comecei a investigar que tipo de experiência é essa, que características ela tem além de você querer que não acabe ou se repita. E comecei a perceber que uma das características mais fundamentais é quando o passado e o futuro não atrapalham. Quer dizer, esses momentos que não quero que acabem ou que quero repetir são momentos em que o corpo e a mente estão alinhados no tempo e no espaço.

MONJA COEN: Isso é tão budista, não é?

PROFESSOR CLÓVIS: Só não posso dizer se é budista porque eu não entendo nada de budismo. Em outras palavras, não quero estar em outro lugar senão aqui, assim como não quero estar nem no ontem, nem no amanhã... nenhum descentramento, nem horizontal, nem vertical, se produz naquele instante. Estou conformado em estar onde estou.

Uma segunda característica disso é que, no fim das contas, com o desaparecimento do passado e do futuro, que são coisas da nossa mente, desaparece também a nostalgia, o temor e a esperança, sentimentos que precisam desse desfocamento. A esperança é ganho de potência em cima de uma expectativa de vida que você não vive; e o temor, queda de potência em cima de um conteúdo de consciência que você não vive. No momento em que você tem um alinhamento de corpo e alma, não há condição para haver temor e esperança, tampouco nostalgia, com todas as suas corruptelas, como arrependimento, rancor, saudade. A experiência plena vivida no instante não autoriza nenhum escape, nenhum passado, nenhuma lembrança, nenhuma nostalgia. Nenhum futuro, projeção do devir e esperança.

E esse tipo de experiência é desprovido de discurso, portanto, de produção intelectiva, explicativa. É desprovido de produção de causalidades e de eficácia, ou seja, não me preocupo com por que a coisa aconteceu, como aconteceu, nem com o que virá daquela experiência, porque, ao se esgotar nela mesma, ela inibe uma produção discursiva de explicação de causalidades. Ora, não precisei de nenhuma força transcendental para viver essa experiência nem para me dar conta dela, porque não é a mesma coisa. Posso me alegrar sem ter consciência da alegria. Posso me entristecer sem ter consciência da tristeza. Posso me enraivecer sem ter consciência da raiva. E posso ter um instante de vida que vale, um instante de vida feliz, com plena consciência disso. O contrário disso é o desprezo pela vida onde a vida está. E isso implica o desfocamento, portanto, o desalinhamento entre corpo e alma e, consequentemente, a introdução clandestina e ardilosa de sentimentos inerentes a esse desalinhamento, como são o temor, a esperança, a nostalgia e o arrependimento.

Resta-nos, ainda, uma pergunta: em que tipo de sociedade vivemos? A que tipo de educação nos submetem? Uma educação de valorização da vida onde a vida está? Ou uma educação de desvalorização da vida onde a vida está em nome de um Nirvana a ser vivido? Não me lembro de todos os professores que me garantiram que o grande barato do primário estava em entrar no ginásio; que o grande barato do ginásio estava em passar para o colegial; e depois em se preparar para a faculdade; e depois em se preparar para o mercado de trabalho; e depois em seguir um projeto de carreira; e então ir subindo... Ou seja, não posso me impedir de lembrar todos aqueles que me incentivaram a negar a vida em nome do nada, de um devir que nunca vivi. Porque nunca alcancei exatamente o que me prometeram. Agora, alcancei coisas que nunca ninguém me falou que eu alcançaria. O professor perdeu a oportunidade de dizer que o grande barato do primário era o próprio primário, porque a vida na escola é a melhor possível. O professor da faculdade perdeu a oportunidade de dizer que o grande barato da faculdade era a universidade, última instância de pensamento crítico possível. O chefe perdeu a oportunidade de dizer que o grande barato do emprego era cada dia de trabalho e desfrutar o momento em que eu me encontrava. Todos perderam a oportunidade de me mostrar a linda vida que era a que eu tinha em nome daquilo que nunca cheguei a viver. Assim, vivi cercado de ilusionistas, pessoas que me enganaram, e me pergunto por quê. Talvez porque a sociedade que decidimos para nós é uma sociedade que precisa de gente que desmerece a vida, porque só assim terá ímpetos de consumir, circular o capital, comprar o que deve ser comprado e enriquecer os que já são ricos. E manter sob controle.

Ora, alguma revolução possível? Experimente perguntar a um chefe a respeito de prazer, gozo, alegria e felicidade. Onde estará? Experimente perguntar a um professor de ensino médio sobre as maravilhas do próprio ensino médio. Talvez percebamos que todos aqueles que nos iludiram não poderiam ter feito diferente, porque estão convencidos da ilusão que passam adiante.

Encerramento

PROFESSOR CLÓVIS: Quero terminar, monja, dizendo que foi uma alegria imensa, um privilégio mesmo. Tomara que um dia eu aprenda a meditar, de preferência orientado por alguém que não me deixe fazer mais bobagens do que eu já faço normalmente, quando estou sozinho. Adorei essa metáfora da marola: você começa a meditar e, tal como entrar no mar, tem uma marola no começo para depois vir a paz, não é?

MONJA COEN: E os vários níveis de profundidade? É muito prazeroso, e temos que voltar. Quando voltamos vemos todas as marolas de novo, mas aí nosso olhar mudou. Para isso há uma história: no começo a montanha era apenas uma montanha, e ela volta a ser apenas uma montanha.

Primeiro avistamos a montanha de longe. Depois a subimos. Há tantos detalhes, troncos, ervas, árvores, insetos, poças, tanta vida. Quando descemos a montanha, ela volta a ser aquela montanha vista pela primeira vez, de longe. Só que agora sabemos o que há nela. É muito diferente. Mesmo assim, a montanha é apenas uma montanha.

PROFESSOR CLÓVIS: Mas já é outro olhar.

MONJA COEN: Então, esse é o processo...

PROFESSOR CLÓVIS: Vale para o matrimônio.

MONJA COEN: Vale para tudo, vale para a vida. É só vivendo.

PROFESSOR CLÓVIS: Gente, muito legal.

MONJA COEN: Muito obrigada. Foi uma delícia!

PROFESSOR CLÓVIS: Ficamos quatro horas conversando...

MONJA COEN: Foi ótimo! Foi maravilhoso!

Monja Coen
por monja Coen

Nasci exatamente no meio do ano de 1947, em 30 de junho, na capital paulista. Fazia frio.

Minha mãe estava em um hospital de São Paulo, no terceiro andar, quando viu passar, do lado de fora da janela, uma freira. O que teria sido aquela visão? Naquele momento ela apenas pensou: vai ser menina. Isso aconteceu há mais de setenta anos. Ninguém sabia o sexo do bebê antes do nascimento.

A menina nasceu com um braço deslocado e foi engessada — um braço para cima, outro para baixo. Depois de algumas semanas, quando o aparelho ortopédico chegou dos Estados Unidos, o milagre aconteceu. Milagre do Coração de Jesus — imagem que habitava a parede da cabeceira da cama de minha avó e de minha mãe. Minha avó rezou tanto! Meus dedinhos se mexeram. Não foi necessário usar o aparelho de couro.

Minha vida começou com uma freira voadora, uma cura milagrosa e os braços, como os de Buda ao nascer, um apontando para o céu e outro para a terra. Sinais auspiciosos?

Quem diria que a menina levada da breca, capaz de decorar longos poemas de inclusão social antes de aprender a ler, um dia se tornaria monja zen-budista?

Casei cedo, tive uma filha, me divorciei, fui jornalista, professora de inglês, viajante, hippie e finalmente monja zen-budista. Encontrei no zen, por meio das práticas de meditação zazen, respostas aos questionamentos que me queimavam desde os 11 anos:

"Qual o sentido da vida?"

"Qual o sentido da morte?"

"O que é Deus? Onde está? Como se manifesta?"

"Por que nasci nesta época e nesta casa?"

"Por que há pobreza e sofrimento, fome e falta no mundo se em minha casa há fartura e esbanjamento?"

"O que é e para que serve a missa aos domingos?"

"Por que os adultos pregam e não praticam o que pregam?"

Comecei a ler vorazmente a partir dos 9 anos, tudo o que minhas mãozinhas pudessem alcançar, principalmente os livros proibidos de Eça de Queiroz. Poesias filosóficas, questionadoras, embalaram-me desde o nascimento. Minha mãe era professora de declamação. Li Nietzsche e os Vedas, Hermann Hesse e Olavo Bilac...

E assim, procurando respostas para minhas inquietações existenciais, declarei-me ateia a partir dos 13 anos e me recusei a frequentar missas desde então. Mas havia perguntas que permaneciam. Minha mãe, pedagoga, trabalhava para o Ministério da Educação, inspecionando colégios, seus diretores e professores quanto aos métodos de ensino e à Lei de Diretrizes e Bases. A conversa ao redor da mesa de jantar sempre incluía um tanto de pedagogia e outro de psicologia, e os dicionários enciclopédicos faziam parte da sobremesa.

No *Jornal da Tarde*, como repórter da editoria local, entrei em contato com inúmeras realidades e diferenças sociais. Percebi que somos todos semelhantes em nossa diversidade. Mergulhei na literatura, à procura de textos perfeitos. Adorava escrever. Bebia à noite e comprei uma Honda 350 — na época, poucas mulheres andavam de moto.

A consciência se expandiu. Fui passar um ano e meio na Europa, questionando, me libertando de mim mesma. Maravilhei-me com Jung e o inconsciente coletivo. O que é a mente humana? Essa é agora minha pergunta principal. Finalmente, fui morar em Los Angeles e encontrei o zen.

Ah! O zazen da *mahayana* (Grande Veículo)... A ele os maiores elogios. Comecei a ouvir os ensinamentos de Buda através da ótica de mestre Eihei Dogen Zenji (1200-1253), a ler e estudar, a praticar nas salas de meditação e na vida diária.

Fui ordenada monja em 1981, mesmo ano em que fui para o mosteiro feminino de Nagoia. Voltei ao Brasil depois de doze anos de práticas monásticas no Japão para assumir interinamente o Templo Busshinji de São Paulo, no bairro da Liberdade.

Em 2001 iniciei uma nova comunidade, com um olhar mais brasileiro, agregando pessoas das mais diferentes origens étnicas e sociais.

A Comunidade Zen-Budista, localizada no Templo Taikozan Tenzuizenji, é pequena. Temos uma população flutuante, que aumenta à medida que eu apareço nas redes sociais. Cerca de duzentos membros associados ajudam a manter o templo.

Celebro casamentos, além de dar bênçãos a crianças, oficiar enterros e missas memoriais.

Ensino práticas meditativas da Ordem Soto Zen Shu, à qual pertenço, dou aulas de zen-budismo e faço palestras por todo o Brasil.

Apresento um programa na Rádio Mundial, em São Paulo, capital, chamado *Momento Zen*, todas as segundas-feiras das 19h30 às 19h55, junto com um amigo chamado Otávio Leal.

No YouTube, o canal *Mova: Vídeos que Movem o Mundo* me tornou conhecida divulgando trechos de meus ensinamentos.

Já escrevi vários livros e prefácios, e tenho textos em livros inter-religiosos e revistas brasileiras.

Meu propósito principal é fazer todos os seres despertarem para sua natureza verdadeira e se beneficiarem dessa dádiva.

Estudei em escolas públicas e particulares católicas.

Tenho uma filha, uma neta, um genro, um genro-neto e dois bisnetos, além de minha irmã, suas filhas e seus netos. Venho de uma família em que era comum os casais terem mais de dez filhos. É por isso que tenho parentes em muitos locais, primos e primas — alguns que nunca conheci.

Considero a humanidade minha grande família, não apenas alguns grupos de pareceres semelhantes: grupos de pessoas que pensam da mesma maneira, que se assemelham no vestir e no falar, pertencentes a grupos distintos uns dos outros.

Convivo com praticantes, cachorros e gatos. Árvores, plantas, pedras, terra, passarinhos e insetos fazem parte da minha vida.

Não sei se sou eu quem gosta do zazen ou se é o zazen que gosta de mim. O zazen é uma prática meditativa que transcende corpo e mente. Por meio dele, acessamos o *samadhi* dos *samadhis* e reconhecemos a transitoriedade, a causalidade e a mente de Nirvana.

Através do *samadhi* dos *samadhis*, me percebi interligada a tudo e a todos. Sem inimigos, sem apegos e sem aversões, procuro criar relacionamentos de respeito.

Espero acessar níveis mais profundos e sutis de sabedoria e compaixão a fim de beneficiar o máximo de seres possível.

Que eu saiba ser coerente com os princípios e valores que proclamo.

Mãos em prece.

Professor Clóvis de Barros Filho
Apresentação de mim mesmo

Sou professor. Meu único ofício desde 1988, quando fui registrado em carteira, há trinta anos. Meu primeiro emprego foi na Faculdade de Comunicação Social Cásper Líbero como professor de Legislação de Imprensa. Devo a oportunidade a Carlos Alberto Di Franco.

Antes disso, graduei-me em direito pela USP e em jornalismo pela própria Cásper. A pós-graduação, também em direito, na Universidade de Paris. A formação de base coube aos jesuítas no Colégio São Luís, entre 1970 e 1981. Foi o momento mais feliz. Sempre fui bem econômico nesse quesito.

As primeiras aulas de minha trajetória docente foram terríveis. Cheio de energia, eu realizava um sonho. Porém, sem nenhuma experiência, gritava e gesticulava muito, hábito que nunca perdi. A eficiência didática de tanto esforço era discutível. E continua sendo.

Além da Cásper, trabalhei em muitas escolas de comunicação. Colecionei demissões e algumas indicações para patrono e paraninfo. Permaneci mais tempo na ESPM, onde cheguei a coordenar um programa de mestrado em Comunicação e Práticas de Consumo — que só decolou mesmo depois de ter sido estimulado a buscar novos desafios. Hoje o programa está entre os mais bem avaliados do país, pela competência dos que lá permaneceram. E dos que chegaram depois.

Prestei concurso na Escola de Comunicações e Artes da USP. Tendo rivais superiores a mim, acabei triunfando pela calma de quem não acreditava na vitória. Foram muitos anos ali, sempre com dedicação parcial, o que me permitiu aceitar o convite de Mario Vitor Santos para dar aulas na Casa do Saber para alunos já maduros e profissionalmente estabelecidos. Um passo para a vida de palestrante.

Ah, já ia esquecendo. Depois de velho, no meio do caminho, há uns vinte anos, estudei filosofia na FFLCH. Adorei. Mas não sou filósofo. Nunca fui nem nunca serei. Obtive doutorado e livre-docência na ECA, graças a todos que se comoveram com meu empenho, principalmente à professora Maria Aparecida Baccega, a melhor que já tive.

Escrevi sobre ética na comunicação, vidas que valem, vergonha na cara, canalhas, felicidade, paixões, inovação, gentileza, política... Sou casado com Marina, que é fisioterapeuta. Sou pai do Martin, da Raissa e da Natália, caso de sucesso de minha vida. Paternidade solidária, cúmplice e muito feliz.

Este livro foi composto na tipografia Adobe
Garamond Pro, em corpo 12,25/16, e impresso
em papel off-white no Sistema Cameron da
Divisão Gráfica da Distribuidora Record.